职业新赛道
互联网营销师成长攻略

张冠凤 著

中国书籍出版社
China Book Press

图书在版编目（CIP）数据

职业新赛道：互联网营销师成长攻略/张冠凤著
. -- 北京：中国书籍出版社, 2022.6
ISBN 978-7-5068-9049-6

Ⅰ.①职⋯ Ⅱ.①张⋯ Ⅲ.①网络营销 Ⅳ.
① F713.365.2

中国版本图书馆 CIP 数据核字（2022）第 101900 号

职业新赛道：互联网营销师成长攻略

张冠凤　著

责任编辑	成晓春
责任印制	孙马飞　马　芝
封面设计	刘红刚
出版发行	中国书籍出版社
地　　址	北京市丰台区三路居路 97 号（邮编：100073）
电　　话	（010）52257143（总编室）　（010）52257140（发行部）
电子邮箱	eo@chinabp.com.cn
经　　销	全国新华书店
印　　厂	三河市德贤弘印务有限公司
开　　本	710 毫米 ×1000 毫米　1/16
字　　数	180 千字
印　　张	14.25
版　　次	2022 年 9 月第 1 版
印　　次	2022 年 9 月第 1 次印刷
书　　号	ISBN 978-7-5068-9049-6
定　　价	56.00 元

版权所有　翻印必究

前言

近年来,互联网营销师作为新兴职业广受社会关注,成为互联网行业的职业新风口。

2020年7月,互联网营销师这一职业正式发布。2021年,国家发布互联网营销师国家职业技能标准,互联网营销师有了官方认证身份和官方从业标准。目前,我国互联网营销师人才供不应求,人才需求缺口上千万。随着互联网营销业态的不断完善,互联网营销师必将迎来更广阔的发展前景。

如何跻身互联网营销师职业赛道?报考互联网营销师需要具备哪些条件?互联网营销师不同工种的具体工作内容是什么、应具备哪些职业素养与技能?本书将为你详细解答。

本书在简要阐述互联网营销师这一新兴职业的诞生与发展前景的基础上,系统解析了互联网营销师入行标准、报考条件、职业等级划分,并重点就互联网营销师四大工种——选品员、直播销售员、视频创推员、平台管理员的工作内容、职业素养、职业技能等进行了深入介绍。此外,本书还探讨分析了互联网营销师的团队建设与线下管理,旨在帮助互联网营销师就业者精准入行，指导互联网营销师从业者了解职业发展、提升职业技能、增强职业竞争力。

全书结构完整、逻辑明晰、内容丰富，叙述深入浅出、语言通俗易懂。书中特设的"职业观察""营销贴士"版块，更为本书增添了可读性与职业启发性。

厘清行业发展，精选职业赛道。阅读本书，探秘互联网营销师这一新兴职业，相信你一定会收获颇多。

作　者
2022 年 5 月

目录

第 1 章

认识互联网营销师这一新职业

1.1 什么是互联网营销师 3
1.2 互联网营销师≠带货主播 7
1.3 互联网营销师的工作任务与职业未来发展 11
1.4 四个工种,五个等级 15
1.5 互联网营销师的申报条件 21
1.6 职业好"钱景",守法是前提 25

第 2 章

赛道中再选赛道,选择适合的营销平台

2.1 社交平台:微博、微信、QQ、花椒 29
2.2 电商平台:淘宝、京东、拼多多、蘑菇街 35
2.3 短视频平台:点淘、抖音、快手、小红书、B 站 43

第3章

智慧选品员：好产品自带引流光环

3.1	你想卖什么 VS 消费者想买什么	53
3.2	选品的前提，寻找优质货源	57
3.3	明确选品的标准	61
3.4	采购或代销，供货渠道多样化	67
3.5	与商家对接、沟通的技巧	71
3.6	规避选品陷阱	75

第4章

视频创推员：得心应手，玩转互联网营销

4.1	专注内容营销，打开流量之门	81
4.2	好点子、好视角、好素材——成就爆款视频	85
4.3	不同平台，多元化视频呈现方式	89
4.4	系列短视频，打造品牌 IP	93
4.5	视频拍摄与剪辑	95
4.6	推广预热，引流吸粉	99
4.7	常见视频营销误区	101

目录

第5章

直播销售员：成功打造头部主播

5.1	吸粉秘诀，论主播人设的重要性	107
5.2	怎么说，才能戳中消费痛点	115
5.3	商品展示技巧	119
5.4	拒绝口误，优惠机制要说清	125
5.5	感官与场景刺激，引导消费	127
5.6	氛围烘托，避免冷场	129
5.7	链接、价格错误怎么办	131
5.8	避免"翻车"，随机应变巧圈粉	133
5.9	盘点不受欢迎的主播类型	135

第6章

平台管理员：大数据营销应该这样做

6.1	互联网营销数据分析	139
6.2	链接准备	145
6.3	优惠机制调试	149
6.4	客服沟通与话术技巧培训	153
6.5	粉丝群的运营与维护	159
6.6	诚信营销，避免数据作假	165

第 7 章

团队营销力：优质营销团队的养成

7.1	互联网营销团队建设	169
7.2	营销氛围感——直播间场景布置	175
7.3	梳理流程、检查设备，直播前的测试必不可少	179
7.4	直播过程中的团队协作	183
7.5	营销后的复盘	187
7.6	少一点套路，多一点真诚	189

第 8 章

不可或缺的线下管理与支持

8.1	互联网营销团队管理	193
8.2	仓储管理	197
8.3	物流管理	203
8.4	线下品牌活动参与	205
8.5	线下团队活动激励	209
8.6	线下粉丝活动组织	211
8.7	负面新闻等公关危机处理	215

参考文献　　217

第1章

认识互联网营销师这一新职业

互联网时代，社会经济形态发生了重大的变革，社会职业形态也在日益更新。

互联网营销师这一新兴职业的诞生，不仅丰富了我国职业类型，也创造了更多的就业机会，为无数求职者、创业者提供了新的职业选择和发展方向。

作为新兴职业，互联网营销师起步晚、发展快、行业竞争激烈。了解网络营销逻辑，掌握互联网营销师职业技能，可以让你在这一职业赛道上脱颖而出。

1.1 什么是互联网营销师

1.1.1 互联网背景下的新职业

随着互联网时代的到来和快速发展,许多依托于互联网的新兴职业应运而生。其中,互联网营销师便是当前备受社会公众关注的一种具有鲜明时代特点的新职业。

中国职业规划师协会明确指出,职业(Occupation)是性质相近的工作的总称。当一个行业内从事相同或者相似性质的工作的人越来越多,而且从事这些工作的人需要一定的职业技能才能胜任工作的时候,这一类工作才有可能发展成为一种职业。

2020年7月6日,中华人民共和国人力资源和社会保障部(以下简称人社部)联合国家市场监管总局、国家统计局发布一批新职业,其中,就包括互联网营销师这一新兴职业。

人社部颁发的《关于对拟发布新职业信息进行公示的公告》中指

出：在数字化信息平台上，运用网络交互性及传播力，对企业产品进行营销推广的人员，即为互联网营销师。

1.1.2 要想从业，需要参加职业资格考试

2022年4月，互联网营销师直播销售员认证考试（包括理论考试、技能实操考试两部分）正式出台，这一职业考试与传统职业考试有着很大的不同，考试环境与从业环境高度一致。

互联网营销师直播销售员在参加职业资格考试的过程中，是真实的直播环境，观看直播的受众能够通过点赞、评论等方式与主播进行互动，直播中的链接也是真实有效的。

只是与普通直播不同，除了受众之外，在直播间还有几个有着特殊身份的人——考官。

正在进行直播的主播不仅面对屏幕前的受众，还面对着镜头另一边的几个考官，这些考官会对主播的整个直播过程进行观察、记录和评价，并最终判定主播是否考试合格。

当前，随着包括直播销售员在内的互联网营销师职业资格考试的日益专业化，互联网营销师这一新兴职业也开始受到越来越多的人的关注。

第 1 章　认识互联网营销师这一新职业

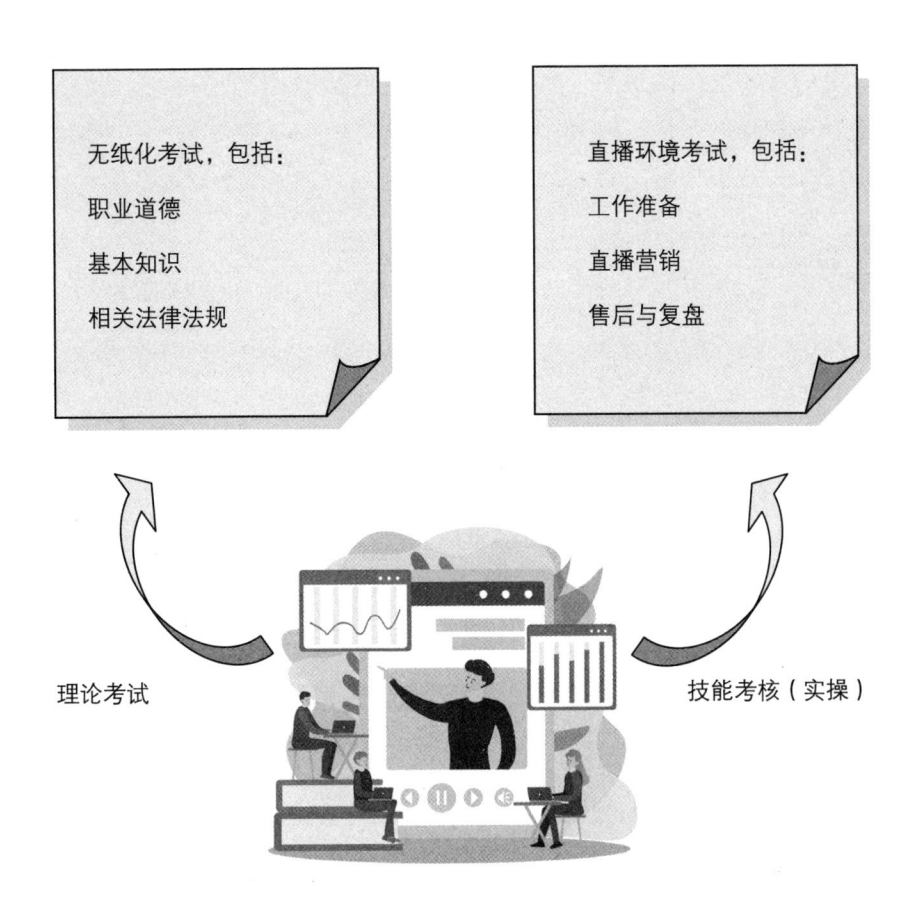

无纸化考试，包括：

职业道德

基本知识

相关法律法规

直播环境考试，包括：

工作准备

直播营销

售后与复盘

理论考试　　　　　　　　　　　　　　技能考核（实操）

互联网营销师直播销售员认证考试内容

1.2 互联网营销师 ≠ 带货主播

1.2.1 好物推荐官：带货主播

当前，通过看直播进行消费已成为人们日常生活的重要组成部分。

在各大购物平台、社交平台、APP中，各种内容的直播成为常态，一些主播会在直播间推荐产品，并添加购物链接，让观看直播的人了解产品信息、产生产品购买需求，进而点击链接下单购买产品。这些推荐"好物""种草"产品的主播就是带货主播。

很多人认为，带货主播就是互联网营销师，实际上这是对互联网营销师的错误认识。

互联网营销师的工作包括"营"和"销"两大部分的内容，而带货主播只是参与"销"的工作，这部分工作只是互联网营销师工作的一部分，因此互联网营销师 ≠ 带货主播。

正在推荐产品的带货主播

1.2.2 互联网营销师是职业，主播是工种

互联网营销师是国家认证的一个新兴职业，而主播是互联网营销师这一职业中的一个具体工种，带货主播则属于主播这一工种中的岗位职责再细分。

从职业与工种划分的角度来看，互联网营销师是职业大类，主播是工种大类。主播根据不同工作性质又分为很多种，如带货主播、才艺主播、健身主播、科普主播等。因此，互联网营销师的范围要远远大于主播，尤其是带货主播。

职业观察

当前,互联网营销师炙手可热,尤其是随着网络直播的火爆,很多求职者、创业者都跃跃欲试,想要从事直播、带货工作。由于大量没有职业资格的普通大众涌入该行业"试水",当前各类主播素质良莠不齐,大众质疑声与争议声不断,这也给带货主播的长期发展带来了启发与思考。

从事任何职业都应该有正确的世界观、人生观、价值观,并且具有扎实的职业知识、职业技能,只有如此,才能在职业道路上有良好的长远发展。

如果你成为一名互联网营销师,选择从事带货主播这一工种,你有自己理想的带货领域吗?目前行业内,你认为哪些主播的职业能力是比较强的?有哪些值得你学习的方面?尝试粗略调查和分析并填表如下。

主播类型	"头部"主播举例	职业特点、优势

本人可以借鉴和提升的职业能力:

1.3 互联网营销师的工作任务与职业未来发展

1.3.1 任务多元、内容丰富

作为一个新兴职业，互联网营销师的工作内容是非常丰富的。而且这些工作的完成不仅离不开互联网营销师自身的工作能力，也离不开互联网的互动性、公信力特点。以互联网技术为支持，互联网营销师需要完成线上营销全流程的各项工作任务。

随着互联网技术和互联网业态的不断发展，以及互联网相关职业责任的日益明确和规范化，互联网营销师的工作任务也在发生着变化，内容将更加丰富多彩。

互联网营销师的主要工作任务与内容如下。

研究用户定位、确定运营方式。

接受委托、审核委托方相关资质。

选品，策划营销方案；确定佣金、活动机制。

搭建数字化营销场景（直播、短视频等）营销推广产品。

与用户互动，提升购买转化率。

签订销售订单，结算销售货款。

分析销售数据，优化互联网运营。

协调售后。

互联网营销师主要工作内容

第1章
认识互联网营销师这一新职业

营销贴士

明确目标，不打无准备之仗

互联网营销师工作任务繁重、内容多样，要将如此多而重的工作任务做得出色，就必须始终明确工作目标，这样才能在职场中一路披荆斩棘，成功营销自己、营销产品。

结合主要工作任务，互联网营销师应明确以下目标。

- 根据自己的职业技能特长定位用户群体，明确主要面对的消费者群体的性别、年龄、城市等。
- 重视选品，遵守职业道德，不欺骗消费者。
- 佣金符合自我的互联网影响力定位和行业规范；产品活动机制符合用户定位。
- 重视数据，但不盲目迷信数据，关注权重大、含金量高的数据。
- 做好售后是商家的工作，也是互联网营销师的工作。

1.3.2 职业缺口大，发展前景广阔

近年来，实体经济受冲击较大，社会大众的消费行为也发生了重大转变，网络经济风口日盛。

一方面，企业线下客流量骤降，不得不另谋出路，线上网络营销迅速接手线下实体营销，许多传统实体企业将营销布局重点转移到线上，在激烈的市场竞争中谋发展。

另一方面，据相关数据调查，截至2021年12月，我国网络购物用户规模达8.42亿[①]，我国网络视频用户规模达9.75亿，直播、短视频等相关收入高达2620.60亿元[②]。这些数据在2022年呈现持续增长的趋势，且有望再创新高。由此可见，现阶段，我国网络消费者群体庞大、网络营销行业具有广阔的发展空间。

随着电商规模的不断发展，电商行业对人才的需求也将日益增多。由阿里研究院主导发布的《迈向万亿市场的直播电商》报告显示，2020年互联网营销师人才需求约1500万人，缺口约1000万人；到2025年，这两个数据预计将分别达到约4500万人和4000万人。由此可见，互联网营销师就业前景可期。

---

① 2022年中国网络购物用户规模及用户人群画像分析[EB/OL].https://baijiahao.baidu.com/s?id=1729017161751018870&wfr=spider&for=pc，2022-04-03.

② 2022年中国网络视听行业发展现状及市场规模分析 市场规模再创新高[EB/OL].https://www.sohu.com/a/551398576_121118710，2022-05-26.

1.4 四个工种，五个等级

1.4.1 四个工种，各司其职

根据人社部对互联网营销师这一职业的工种划分，目前，互联网营销师共有四个工种，分别为选品员、直播销售员、视频创推员、平台管理员。

◆ 选品员

选品员负责产品相关工作，工作内容主要包括：了解用户需求，撰写产品需求说明和宣传文案；制作销售工具，分析产品市场热度及同行竞争力；进行产品推广，对产品进行讲解、演示、试用；与商家对接；等等。

在选择产品时，有盲选和直选两种。盲选就是同类产品去掉包装后进行试用/试吃/试穿，从中选择符合标准的最佳产品；直选就是根据商家和品牌去选择和试用/试吃/试穿产品。

此外，选品员应结合营销方案有针对性地进行选品。

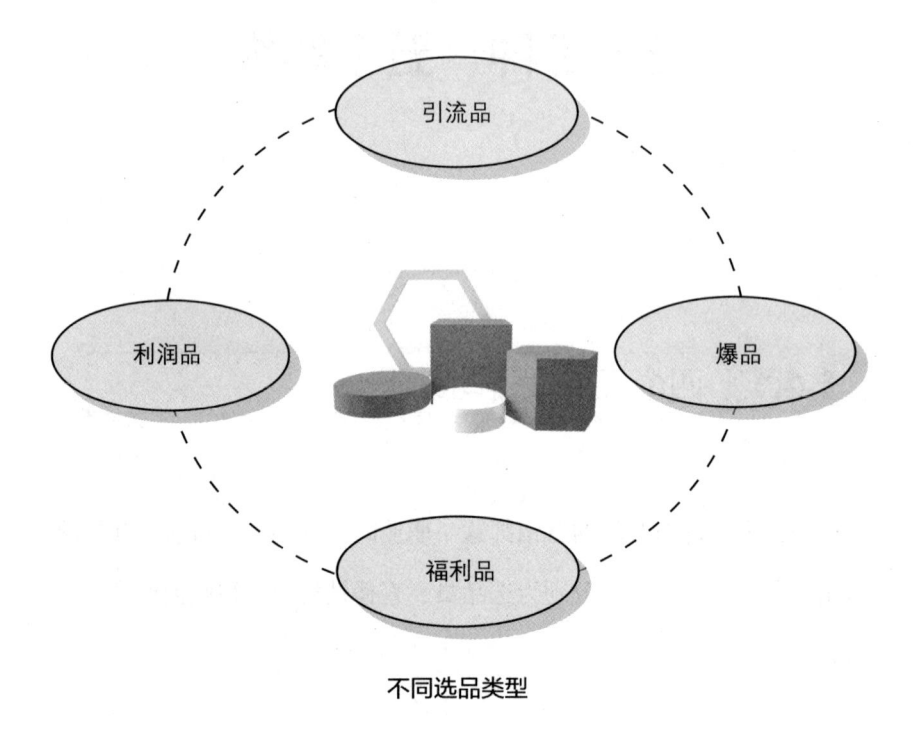

不同选品类型

◆ 直播销售员

直播销售员是大众所熟知的带货主播，他们负责在直播间向消费者讲解产品、展示产品，说明产品的使用方法、特性，以及进行售卖。

此外，直播销售员还需要与观看直播的人进行实时互动，回答直播间观众提出的问题等。

◆ 视频创推员

视频创推员主要负责互联网营销视频的创意策划、设计、制作等工作。

具体来说，视频素材拍摄，视频创意、风格、主题设计，视频编辑与剪辑，视频的多平台（淘宝、今日头条、快手、抖音等）传播与用户维护，以及自媒体视频号的日常运营工作等，都属于视频创推员的工作范畴。

直播销售员应规范讲解、展示产品

视频创意、内容应原创

视频应关联品牌、产品、人设

注重互动、体现审美而非审丑

视频创推要点

◆ 平台管理员

平台管理员重点负责对公司品牌主推主播、营销产品进行系列推广。

在实际工作中,平台管理员应结合各网络平台特点开展具体的优化推广工作,如官网、直播网站的内容优化和推广;官网、微信、微博的用户维护与管理;会员、粉丝资料整理、分类、分析;网络数据分析与推广改进;等等。

1.4.2 五个等级，步步高升

目前，互联网营销师各工种最多可以分为五个等级，从业者需要从低等级开始报考从业资格证，当具备了更高级的报考条件后才可以依次考取更高等级的从业资格证。

在互联网营销师各工种中，不同的工种对职业资格等级的划分等级不同。其中，选品员、直播销售员、视频创推员这三个工种的职业资格分别设五个等级；平台管理员的职业资格设三个等级。各工种的职业等级及职业称呼具体如下。

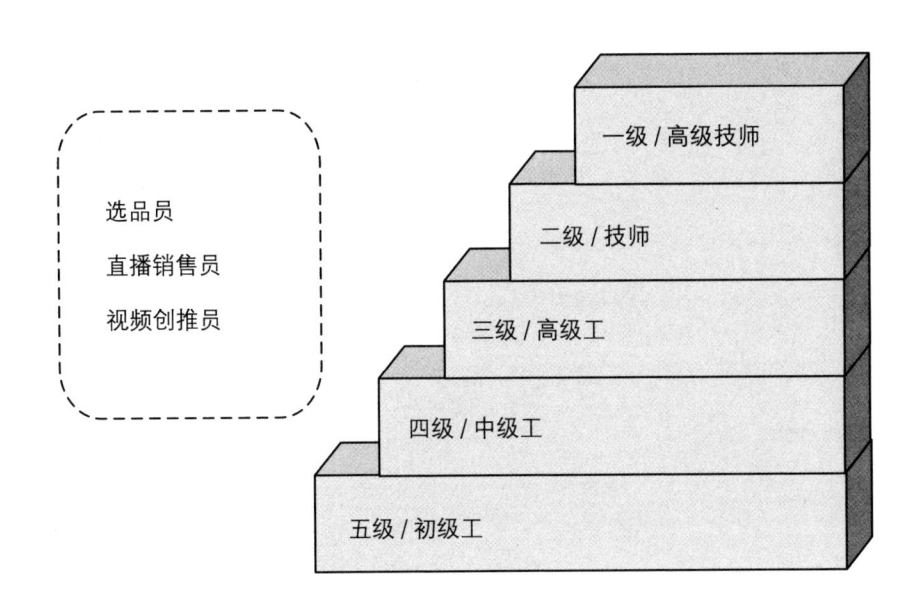

选品员
直播销售员
视频创推员

一级/高级技师
二级/技师
三级/高级工
四级/中级工
五级/初级工

选品员、直播销售员、视频创推员的职业等级划分

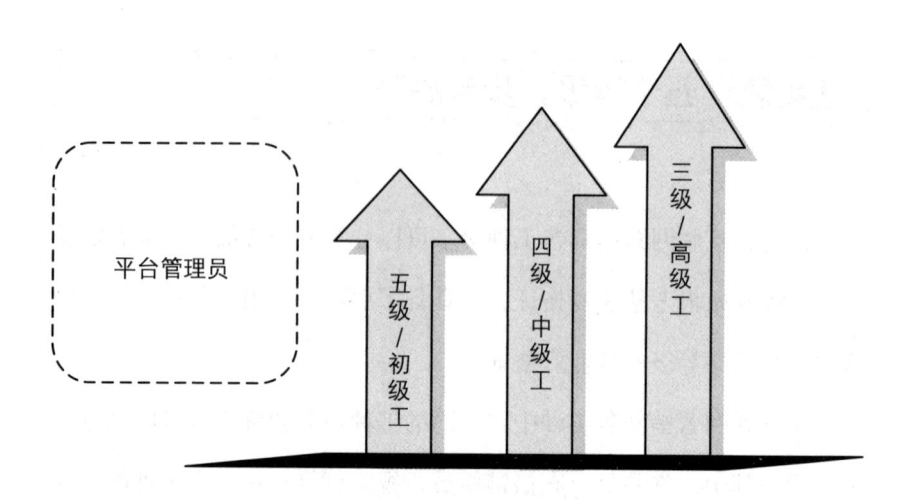

平台管理员的职业等级划分

1.5 互联网营销师的申报条件

我国每年都会定期举办互联网营销师职业资格考试。目前，该考试暂不接受个人报名，想要报考者需要通过第三方培训机构进行报名。培训和考试合格者可以获得由中国轻工业联合会、中国工业合作协会共同颁发的证书——互联网营销师职业能力评价证书。

1.5.1 这些人应该报考互联网营销师

职业资格证（书）是某个劳动者有足够的能力（知识和技能）从事某一职业的官方认证。可以说，职业资格证（书）是劳动者从事某一职业的敲门砖。

互联网营销师职业资格证（书）适用于有意愿从事或者正在从事互联网营销相关工作的人员。有了职业资格证（书），求职、从业将更有底气。

互联网营销师职业资格证（书）具体适用以下从业者。

各平台网络主播

各 MCN 机构从业者

新媒体、融媒体基地从业者

电子商务、新媒体运营等相关专业教职人员

新媒体、融媒体监督、管理者

有意愿从事新媒体或融媒体运营、管理等相关工作者

互联网营销师职业资格证（书）适用者

1.5.2 互联网营销师的报考条件

互联网营销师人才缺口大、职业发展前景广阔，那是不是人人都有机会成为互联网营销师呢？并不是，要报考互联网营销师需要具备一定的条件。

目前，我国还没有具备报考互联网营销师一级证书条件的人，拥有互联网营销师二级证书的人也极少，绝大部分人仅具备报考初、中、高级互联网营销师的条件。因此，这里仅简述初、中、高级互联网营销师的报考条件。

具备条件之一
即可报考

★ 累计从事本职/相关工作1年及以上者。

★ 本职业/相关职业学期学满者。

★ 参加本职业五级/初级工标准学时培训并合格者。

注：报考者需获得初中及以上学历，年满18周岁。

互联网营销师五级/初级工的报考条件

具备条件之一
即可报考

★取得互联网营销师五级/初级工职业资格证书后，累计从事本职/相关工作2年及以上、参加四级/中级工标准学时培训并合格者。

★累计从事本职业或相关职业工作4年及以上者。

★取得本专业或相关专业毕业证书者或有在读证明的应届毕业生。

互联网营销师四级/中级工的报考条件

具备条件之一
即可报考

★有大专及以上本专业或相关专业毕业证书，累计从事本职/相关工作4年及以上，完成三级/高级技能培训标准学时并合格者。

★取得相关专业中级及以上职称后，累计从事相关职业/专业教学工作1年（含）以上者。

★有教师职业资格证、累计从事相关职业/专业教学工作2年及以上者。

互联网营销师三级/高级工的报考条件

1.6 职业好"钱景",守法是前提

当前,越来越多的从业者不断争抢互联网营销师这一"香饽饽",并想要通过互联网营销师这一新兴职业身份从互联网经济中争夺一份"蛋糕"。

众所周知,多媒体和自媒体具有信息传播广、传播快的优势。很多早入行的互联网营销师借着这股东风获得了非常可观的经济收入。但是,这也给尚未从业和刚刚接触互联网营销师相关工作的人营造了一种该职业低门槛、工作轻松、高收入、能暴富的假象。事实上,在这一假象的背后,是从业者素质良莠不齐、各种违法情况时有发生的行业现状。这也为后入行者敲响了职业警钟。

互联网营销师是一个新职业,职业本身并没有对错,错的是行业内无视法律法规的从业者、无视法律法规的商业行为。

目前,频发的违法和不当营销行为主要有以下几种,应特别引起互联网营销从业者的重视。

● 虚假宣传、夸张宣传。

- 营销假冒伪劣、违禁产品。

- 言行低俗、衣着不当。

- 引导私信、送礼物、加群组，冒充品牌、名人、平台诱导消费者下单的诈骗行为。

- 恶搞经典、损害法治严肃性、挑战法律权威性等负面行为。

- 展示引人不适的暴力、血腥画面，食用恶心物质。

- 偷税漏税行为。

- 损害国家形象、利益的言语与行为。

无论从事何种职业，都应该时刻谨记应遵守中华人民共和国法律法规，遵守相关行业的行业规范，遵守劳动者基本的职业道德。从事互联网营销的专业营销师也应如此。

如果你有意报考互联网营销师，计划从事互联网营销行业的相关工作，那么，请一定要牢牢守住职业道德和法律底线。如此才能在互联网营销师这一职业上发光发热，做出一番成就。

第 2 章

赛道中再选赛道，选择适合的营销平台

在媒介融合时代，网络营销平台成为集内容生产、产品推广等多种渠道和功能于一身的新型媒介空间，也成为互联网营销师们大显身手的舞台。因此，选择合适的营销平台，是新手入局网络营销的第一课。

如今，常见的且流量较大的营销平台有淘宝、抖音、快手、微博、拼多多、京东、微信、QQ、小红书、苏宁易购、西瓜、B站等。

不同的营销平台有不同的营销特色，互联网营销师唯有选对赛道，才能获得更多消费者的关注，达到更理想的营销效果。

2.1 社交平台：微博、微信、QQ、花椒

2.1.1 微博

在诸多网络营销阵地中，微博凭借着超强的生命力和亮眼的优势成为主流营销平台之一。

微博招股书显示，截至2021年上半年，微博已经创建了46个垂直领域的内容，形成了较为完整的社交生态圈。其中包括明星、媒体、游戏、摄影、美妆、运动、母婴、金融等。不止如此，微博还在不断开拓新的垂直领域。可以说，微博已经初步形成了营销的全链路闭环，为互联网营销提供了丰沃的土壤。这也使得众多品牌在发布新品时，不约而同地将微博列为主要的宣传阵地。

2020年，手机游戏"江南百景图"就借助微博营销成功打开了市场。在游戏上线当天，游戏官方利用微博热搜、大V联动转发等营销方式令这款游戏达到了前所未有的曝光度，吸引了大批用户的关

注与参与。另外，品牌方还在游戏公告内设置了一键直通超话的功能，使得用户能在微博超话和游戏主界面间无缝切换，进一步提升了游戏的网络热度。

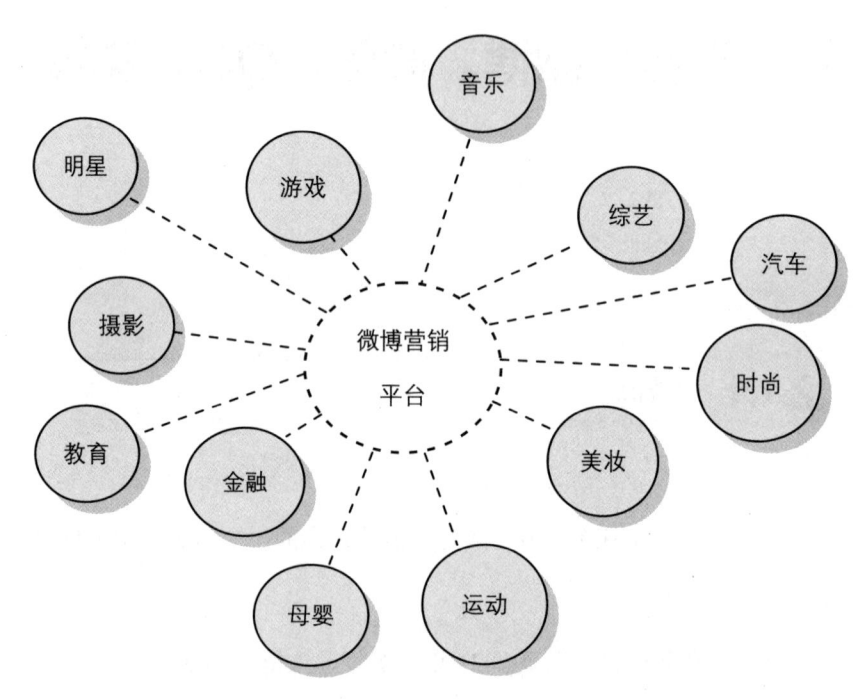

微博：高密度的多元化的垂类圈层"兴趣广场"

微博社群像是一个高密度的多元化的垂类圈层"兴趣广场"，为微博聚焦了一大批"Z时代用户"[①]，使微博在年轻一代中的影响力变得越发深入人心，而微博的流量也因此一直处于高位。

[①] "Z时代用户"指的是1998年至2009年出生的人群，在各大社交平台上具有高互动性等特征，能加快各类热点事件的传播速度。

互联网营销师可利用微博进行产品预热、导流，在产品售卖过程中也可利用微博去营造话题、建立超话与用户互动，实现口碑发酵、聚焦更多热度。

更重要的是，微博营销的门槛较低，但受众面很广，涵盖各个年龄层、各个行业。只要你懂得巧妙利用热点话题，就能顺利聚焦流量，成功实现产品或品牌营销。

2.1.2 微信

根据腾讯发布的财报数据可知，截至2021年第三季度末，腾讯微信的月活跃用户数达到了12.63亿，各种小程序的活跃度也大幅增长，微信已发展成为一个巨大的"流量池"。

微信平台营销建立在环环相扣、层层渗透、拥有强大用户黏性的微信生态圈的基础上。微信群、公众号、小程序（包括直播）、朋友圈都是绝好的推广工具和推广阵地。

微信朋友圈运营是极具优势的私域运营之一，营销者一般通过鼓励用户转发产品信息至朋友圈，以获得礼物、现金或优惠券奖励等方式，拉动流量增长与变现，达到营销目的。

微信直播间也是微信营销阵地之一。微信平台加入直播领域的时间较晚，但也建立了比较丰富的直播形式体系，包括官方小程序直播和第三方小程序直播等。当前，在这一赛道上，还未有大批量的主播涌入，相对其他运营领域，各运营者之间竞争态势较缓。

- 快速搭建专属直播间
- 打破地域观看限制
- 直播间形式丰富多样
- 互动性强，用户下单方便
- 一键分享，实现流量裂变

选择微信直播平台的优势

2.1.3 QQ

QQ和微信一样，都属于腾讯旗下拥有超高用户量和私域流量潜力的社交平台，很多品牌或产品的出圈，都依赖于QQ营销的加持。

在QQ空间营销中，红米手机首发的精准营销堪称经典案例。小米曾联合QQ面向当时超过6亿的QQ活跃用户首发红米手机，其中，占据 QQ 总用户数量 70% 的 QQ 空间使用者成为本次营销的主要受众。红米之所以将 QQ 空间作为本次发行的推广渠道，与红米将销售市场定位在三线以下城市有着密不可分的关系。小米正是抓住了当时 QQ 空间的庞大访问数量与访问人群年龄分布特点和消费倾向，精准锁定用户与平台，达成了红米手机首发的成功营销。

QQ 平台操作简单，用户基础广泛，信息传播率高，在产品推广、流量裂变层面有着不容忽视的优势。对于互联网营销师而言，利用 QQ 平台进行网络营销是一个不错的选择。

2.1.4 花椒

花椒直播是国内著名的移动社交直播平台，自 2015 年上线以来，其日活量屡屡突破新高。花椒数据显示，2020 上半年，不断有素人主播在花椒平台上创建账号，其开播数同比新增了 98.8%。而 Trustdata 报告显示，花椒直播 2020 年 1—9 月的用户黏性达到了 30.9%，在泛娱乐直播行业表现抢眼。[1]

花椒直播具有强明星属性，而且"明星 + 移动终端"的模式也使得明星效应进一步放大，极大地激活了粉丝活跃度。

---

[1] Trustdata2020Q3 报告：花椒直播逆势上行 [EB/OL]. http://it.people.com.cn/n1/2020/1105/c1009-31919329.html，2020-11-05.

为吸引优质用户，花椒直播也在培育、扶持素人主播方面投入了不少精力。比如该平台2020年推出的低门槛任务标准和较为优厚的收益分成比例等政策，新手主播可根据自己的情况酌情考虑是否加入这一平台。

2.2 电商平台：淘宝、京东、拼多多、蘑菇街

2.2.1 淘宝

国内电商平台层出不穷、竞争激烈，淘宝的行业实力不容忽视。

2019年，经过淘宝"618""双11"的两轮洗礼，直播带货这一行业新风口越发火爆起来。阿里巴巴更趁势推出消费生活类直播平台，全面引爆平台自身所具有的直播带货能力，且连续三年直播引导成交增速150%以上。[1]

《淘宝直播2021年度报告》显示，截至2020年末，在这一平台上，不同内容的直播超过10万场，平台用户每日观看直播的时长累计超过50万小时，而直播带来的年成交总额也突破了4000亿元。

---

[1]《2020淘宝直播新经济报告》发布，连续三年GMV增速超过150%[EB/OL]. https://www.sohu.com/a/384667372_505835，2020-03-31.

2021年1月,淘宝直播更名为点淘,重点孵化、发展点淘App。在直播导购模式下,升级后的平台内容变得越发丰富,涵盖各类生活领域,典型的有潮搭美妆、美食生鲜、运动健身、生活家居等。新晋互联网营销师可结合自己感兴趣的领域开启职业生涯。

淘宝直播作为头部电商平台之一,平台用户之间竞争激烈,但对新入行者来说,亦有以下助力。一方面,与其他直播平台不一样的是,收看淘宝直播的观众群大多目标明确,他们登录淘宝平台就是为了购物,这也意味着直播间内的成交概率是很高的。另一方面,淘宝设置了新手扶持期和明确的考核标准,适合新人依照标准去一点点进步、成熟,以获得更强的专业性。

对于新手营销师而言,只有不断地精进业务,持续输出更有竞争力的内容,才能在淘宝直播平台上脱颖而出。

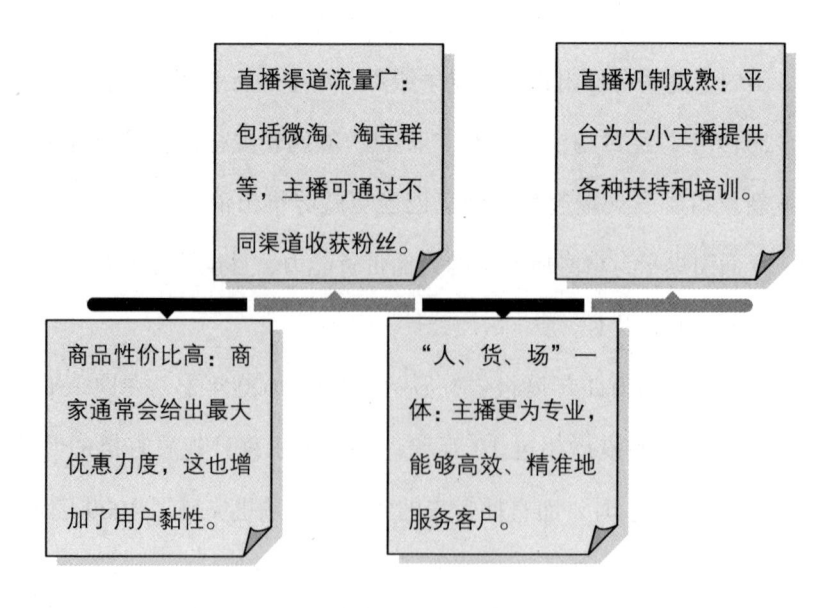

直播渠道流量广:包括微淘、淘宝群等,主播可通过不同渠道收获粉丝。

直播机制成熟:平台为大小主播提供各种扶持和培训。

商品性价比高:商家通常会给出最大优惠力度,这也增加了用户黏性。

"人、货、场"一体:主播更为专业,能够高效、精准地服务客户。

淘宝直播平台的优势

2.2.2 京东

作为国内知名电商平台之一,京东和淘宝一样,也积极投入资源扶持,鼓励商家入驻平台。

一直以来,京东都致力于发挥其"营销场"的功能,坚持走专业化服务路线,将品质化视为互联网贸易的第一要务。在京东平台,直播、短视频、大图文三足鼎立,三者相互交融、不断升级,形成欣欣向荣的内容生态机制。

目前,京东平台更倾向于走主推爆款商家(品牌)和平台与企业联合的路线。因此,建议新入行的互联网营销师,选择成熟营销团队历练自己;没有经验的互联网营销师"单枪匹马"加入京东平台,则需要做足如产品曝光、直播推流等营销功课。

2.2.3 拼多多

自2015年上线至今,拼多多只花了几年时间便发展成为国内比较有影响力的营销平台。

拼多多的营销方法有很多,最成功的当属其首创的"拼单"营销模式。用户通过邀请家人、朋友、同事参与拼团,可以以更实惠的价格去购买具有更高性价比的商品。

2020年1月，随着"多多直播"的上线，拼多多也正式宣布进入直播领域。在拼多多的直播战略体系中，"百亿补贴"成为有效的破局工具之一，它可以给予用户更多优惠的方式，从而增加直播间的用户黏性和交易频次。

在用户合作方面，多多直播更关注中小商家直播间的用户活跃度，并有意去提高其生存空间来扶持用户，充分体现了拼多多官方对多多直播平台的定位——"提供给商家运营私域流量的工具"。

2022年2月，拼多多与"央视新闻"合作，开设了百亿补贴大型直播带货专场，获得了千万级的观看量。

利用红包推广和短信营销推广等手段，增量空间大。

背靠巨大的流量平台，拥有强大的后发潜力。

入驻平台的商家未饱和，竞争态势不太激烈。

直播间产品价格低，吸粉快，直播成本低。

多多直播平台的营销特色和优势

现阶段，拼多多旗下的"多多直播"非常注重对素人主播的培养，用户可自由申请账号，在个人中心开启直播模式，添加、介绍商品，并开启打赏收益。对于新手主播而言，多多直播有着广阔的增量空间和无穷的潜力，是非常不错的开展网络营销的平台。

2.2.4 蘑菇街

早在2016年，蘑菇街便上线了直播购物功能。蘑菇街直播和淘宝直播有一些相似之处，比如二者的主播类别都倾向于"导购红人"，借助后者的影响力扩大粉丝经济。不同于淘宝的全品类、广受众营销，蘑菇街的营销领域和目标用户更加细化，主要聚焦于对时尚穿搭、购物感兴趣的年轻女性。

蘑菇街为打造健康主播生态，通过引导主播间的良性竞争来激活各大直播间的活力，增加用户黏性。而这样的运营机制也为新手主播们提供了更大的发展空间，可以帮助新人们在竞争激烈的直播领域闯出自己的一片天。

职业新赛道
互联网营销师成长攻略

- 打造多样化主播群体：顶级主播、中腰部主播、新人主播。

- 细化主播结构，划分升级标准，确保主播各施其能。

- 引导不同层级的主播间的良性的、健康的竞争。

- 与主播签订独家协议，保证主播群体的稳定性。

蘑菇街直播平台积极打造健康主播生态

职业观察

当互联网营销、直播带货成为行业新风口的时候，众多平台纷纷入局直播领域，其中以淘宝、京东、拼多多为代表的各大电商平台的表现十分抢眼。在资本的加持下，直播经济迅速崛起，为当前的经济复苏注入了一股新的活力。互联网营销师这一职业也借此趋势兴起。

在科学规划职业发展道路之前，先得了解相关行业知识，明确赛道，选定前进的方向，这样才能持续发力，快速前进。

你对各大电商平台入局直播带货的时间、平台特色、目前的发展现状等有所了解吗？如果想成为一名互联网营销师，那么你更倾向于选择哪一平台去大展身手？尝试粗略调查和分析并填表如下。

	淘宝	京东	拼多多
入局时间			
平台特色			
发展现状			

本人想要选择的平台和原因：

2.3

短视频平台：点淘、抖音、快手、小红书、B站

2.3.1 点淘

点淘由淘宝直播改名而来，是一款短视频与直播双核并行的购物平台，它的上线进一步推动了淘宝用户的下单转化率。

在阿里巴巴的扶持下，点淘发展迅速。2022年5月，点淘联合淘宝全球购推出了全球好物节活动，一度创下1亿+的全球购直播成交额。点淘平台表示，会在今后出具一系列分别针对短视频达人、主播及商家的扶持计划，以帮助中小主播更好地成长。因此，对于新手主播而言，点淘直播平台是一个不错的营销阵地。

2.3.2 抖音

作为短视频行业顶流平台之一，抖音有着极大的营销优势。这具体体现在平台能够借助设备优化算法、人工服务消息推送、内容经营、粉丝关联、地区优化算法等技术优势，为不同用户推荐优质短视频内容，同时还能够根据用户的个人喜好特点，实现兼顾个性化的准确推送。由于抖音紧跟时尚潮流，又贴近生活，各大企业、品牌商纷纷入驻抖音平台，利用平台影响力去宣传推广自家产品。很多素人主播也抓住机会，通过抖音直播间实现了自身的价值。

2018年抖音正式进入直播带货领域，虽入局直播的时间较晚，却发展迅猛，已成功进入直播行业的第一梯队。

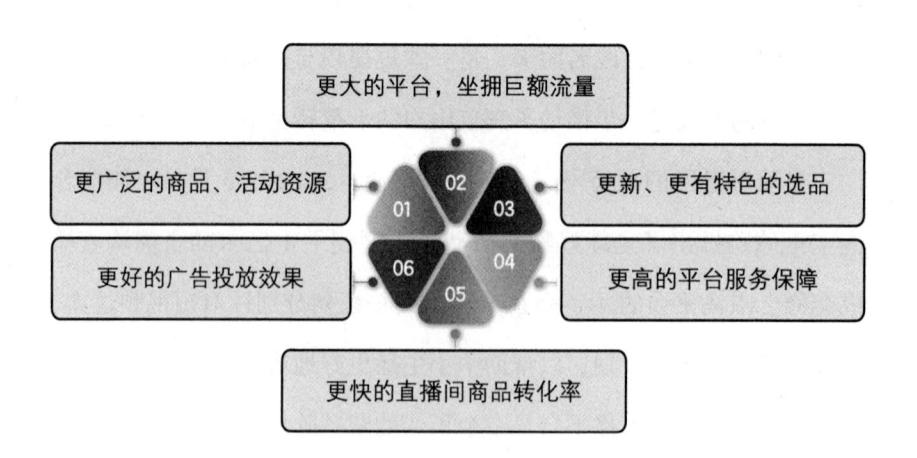

- 01 更大的平台，坐拥巨额流量
- 02 更广泛的商品、活动资源
- 03 更新、更有特色的选品
- 04 更高的平台服务保障
- 05 更快的直播间商品转化率
- 06 更好的广告投放效果

抖音直播的优势

抖音直播电商平台上的主播类型丰富多样，带货形式也别具特色。抖音的主播来源更为广泛，除了娱乐明星和头部主播外，抖音平台也在培养自己的带货达人。而且入驻抖音的各大品牌商也可自行与知名主播签约，在抖音上进行直播。另外，抖音用户在满足平台的开店条件的基础上，亦可轻松开播，为自家的店铺引流、扩大知名度。正因如此，抖音直播平台上聚焦着大量的中小型主播。

虽然抖音平台竞争激烈，但对于新手营销师而言，入局抖音平台仍然具有很大的优势。这是因为：其一，抖音有着更公平的竞争环境，只要你输出的内容足够吸睛、优秀，就能获得跨越式的曝光率，而不需要花钱购买推荐位；其二，抖音的引流方式丰富多样，包括同城引流、搜索引流等，巨大的流量能有效提升直播间的购买率。

2.3.3 快手

快手拥有极其庞大的用户群体。在快手平台上，内容创作者与用户之间存在着很强的情感联系，相互的信任构成了一种独特的生态体系。而凭借着老铁社区文化[①]、丰富多元的产品和私域流量形成的"信任三角"，快手成为新电商时代极具优势的网络营销平台之一。

---

① "老铁"指的是铁哥们、兄弟，主播将直播间用户称为"老铁"，意在传递信任、拉近关系。

老铁社区文化

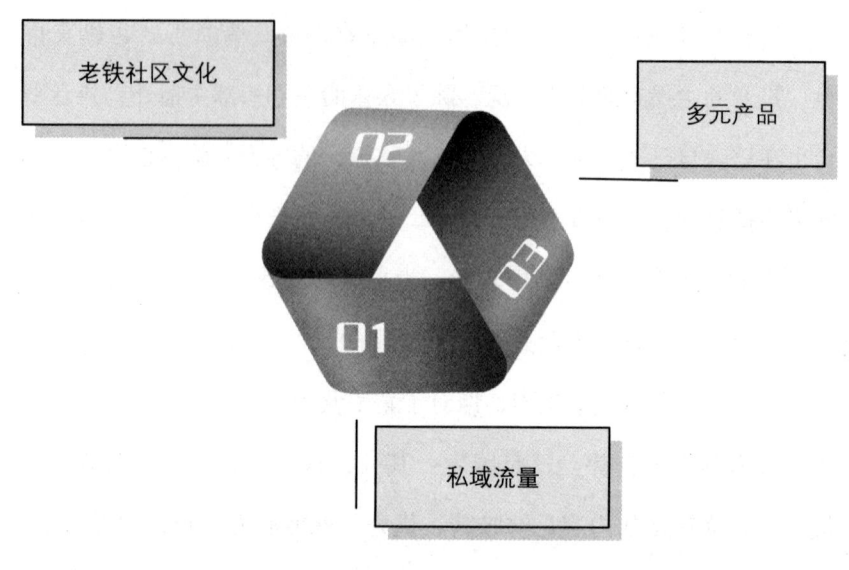

多元产品

私域流量

快手直播的"信任三角"

在直播带货领域，快手的表现也一直很抢眼。快手强调的是"社区"的概念，致力于打造有情怀、有温度、值得信任的在线社区。为了强化用户、商家与平台之间的信任关系，快手制定了一系列知识产权保护法则，并推出针对诚信用户的"信任卡"权益，进一步完善快手直播生态体系。而对于入驻平台的大小主播，快手也鼓励其去积极维护平台的信任机制，稳固主播与粉丝间的私域信任，最大程度地发挥私域流量的价值。

综上可见，快手是一个很好的营销赛道，尤其适合新手入局。对于其他直播带货平台而言，快手占据了下沉市场红利。主播与粉丝间"老铁"一样的亲密无间的关系，使得快手拥有更强的带货能力。新人在经营快手直播间时，最好走比较接地气的路线，这样更容易获取粉丝信任，提升粉丝黏性。

2.3.4 小红书

小红书有着"种草平台"之称，其运作模式建立在创作者分享购物体验、用户"种草"的基础上，而平台当前推行的"好物""高品质"路线也吸引了一堆品牌商和资深互联网营销师的加盟。

对于新手营销师而言，小红书也是较为合适的营销平台之一。需要注意的是，小红书的用户群体大多是分布在一、二线城市的年轻人，以大学生、白领为主，因此必须精准定位用户人群，才能达到理想的营销效果。另外，在小红书平台上发布的笔记内容需要经过精心设计，平台机制不允许带有明显的广告性质，因此想要吸引用户关注，就要持续输出优质内容，将用户的信任度转化为品牌购买力。

2.3.5 B站

B站（bilibili）是由二次元社区发展为综合性视频社区的，堪称"Z世代聚集地"，也就是说，B站的用户是广泛的年轻人群体，具有"黏性高""学历高""质量高"的显著特征。

B站的电商业务布局和抖音类似，都以"兴趣电商"为出发点，内容丰富且多元，同时平台社区氛围浓厚，粉丝包容性强、忠诚度高，因此对于新手营销师来说，加入B站平台也是一个不错的选择。

为了吸引新人 UP 主入驻，B 站采取多维度的用户激励措施，即不只提供流量支持，也提供现金方面的帮助，乃至直接从其他平台挖掘人才。

营销贴士

选对赛道，让你事半功倍

身为一名互联网营销师，选择合适的直播平台至关重要，唯有在一开始选对了赛道，才能更轻松、顺利地实现当初的目标。

以下结合互联网营销师的职业属性，分析新人营销师应当怎样去选择更适合自己的直播平台。

- 先汇总分析各大直播平台的类型与风格，可通过绘制图表的方式帮助自己掌握各大直播平台的优势和劣势。
- 思索自己的兴趣、才能、优势，列举多个平台作为备选。
- 通过手机端或 PC 端进入各大平台直播间，进行"实地考察"，重点考察数据包括直播间互动人

第 2 章
赛道中再选赛道，选择适合的营销平台

数等。
- 就平台的详细信息，比如主播资质、薪资待遇等，咨询平台客服或其他专业人士。
- 根据搜集到的信息进行二次选择，逐步缩小备选范围。

第 3 章

智慧选品员：
好产品自带引流光环

选品员是互联网营销师的工种之一，专门负责产品选购，在产品营销中扮演着重要角色。

想要吸引消费者，就要重视选品工作。选品员如果能够选出优质产品，就可以为后续的营销宣传工作打下了良好的基础。

如果产品质量差、不受欢迎，不仅营销工作难以展开，选品员自身的事业发展也会受到影响，其工作能力会受到他人的质疑。

因此，选品员做好本职工作，选出热销产品，不仅能彰显自己的专业实力，也能够促进团队的发展。

3.1

你想卖什么VS消费者想买什么

选品员在选择产品时,既要使产品符合销售需求,也要能够满足消费者的购买需求。这就需要选品员协调好团队的选品要求和消费者的购买需求之间的关系,使产品既是团队想卖的,也是消费者想买的,从而使产品成为能够被成功销售出去的商品。

3.1.1 根据团队营销品类选品

在选品之前,选品员首先要明确团队的主要营销品类、选品要求,然后在此基础上重点甄选商品。

第一种是近期热度较高的商品。此类商品在短时间内的销量较高,消费者的购买需求较大、购买欲望高。选择此类商品可以在短时间内获得较好的销量,也会为团队带来一定的关注度。但需要注意的是,此类商品的营销较多受消费者需求变化的影响,等到消费者热情退去,此类商品的销售量就会迅速下降。

第二种是市场上具有营销优势、与团队选品要求相符的商品。每一个营销团队都有其擅长推荐的商品类型，而此类商品就可能是这一团队的主要选品。选品员在选品时，要结合团队的营销优势进行选品，这样才能让更多人知道这类商品，商品的销量才能有保障。

3.1.2 根据消费者的需求选品

在选品之前，要先确定可选择的商品品类都有哪些。想要明确可选择的商品品类，就要先明确本次销售的受众群体是哪些人。倘若是年轻人，那么商品类型就应该符合年轻人的审美追求，更加时尚；倘若是老年人，商品类型就应该能满足老年人的生活需求，更加实用。不同的受众群体有不同的选品标准，因此在选品之前，首先要确定的就是商品的受众群体。

商品的营销是由消费者来"买单"的，消费者没有消费需求自然就不会购买、下单。这一点，选品员在选品时应时刻谨记。

3.1.3 根据粉丝的喜好选品

消费需求主要包括对商品的使用价值的需求、对商品审美价值的需求、对商品社会象征性的需求等。优质商品可以满足粉丝的多种需求，而选品员的工作就是要挑选出能够满足粉丝需求的商品。

价格

设计

外观

质量

售后服务　品牌

影响粉丝购买需求的因素

想要准确地了解粉丝的需求，就需要进行有效的市场调研，通过大数据整合获取详细信息，从而进行判断，找出粉丝喜欢的商品类型，然后再根据找到的商品类型进行选品。

在市场调研中，比较直观的方法就是看商品销量。在同类型商品中，销量更高的大多是更受消费者欢迎的商品。选品员需要找出这些商品的共同特点，从而推断消费者在购买这类商品时更偏向商品的哪一种特点。例如，商品价格低廉还是商品功能齐全，商品的品牌是否更有知名度，这些都是影响消费者购买商品的因素。选品员在选品时要多加考虑。

除了看商品销量之外，还可以对部分消费者进行商品使用回访。这样不仅能够获取消费者对商品的反馈和建议，也能够更直接地了解其在购买商品时更加看重商品的何种性能。但这样的方法所覆盖的群体较小，并不能够代表大部分消费者，因此更适合一些小众的商品。

从商品的主要购买群体入手也是推断消费者需求的有效方法。比如，某商品的购买群体主要是工薪阶层的青年，那在选品时就要尽量少选价格昂贵的商品，因为这类消费群体的购买能力有限。

只有抓住了消费者的喜好才能使商品更有竞争力，在上架后有不错的销量。因此，选品员在挑选商品时要重点考虑的就是消费者的购买需求。

3.2 选品的前提，寻找优质货源

对于选品员而言，能够找到优质货源是选品成功的基础，而想要找到优质货源就需要不断拓宽选品渠道，获取多方信息，认真比对，最终找到最适合的商品。

3.2.1 线下选品找货源

选品员在线下选品时，可以直接接触到目标商品，也就能更加直观地感受到商品的外观、功能、质量等，有助于选品员做出决定。

一般来说，商家直销的商品相较于从第三方平台购买的商品来说更加实惠，且商品数量丰富，不容易出现供应断货的情况。如果可以长期合作，商家就可以成为稳定的货源渠道，有利于商品销售的长远发展。

商家直销

商家直销的往往是批量加工的商品，更适合销售规模较大的公司。对于新手团队和小规模经营的商家而言，销售压力往往很大。因此，和生产商家直接合作需要营销团队有实力支撑起大批量商品的销售。

选品员在和商家合作时也要对商品品质多加注意，以免出现商品质量参差不齐、以次充好的情况发生。

除了商家直销之外，批发市场也是可以选择的货源渠道。批发市场的商品种类较多，商品的挑选空间较大。如果选择到批发市场进货，就要特别注意商品的质量和价格。批发市场的商品种类繁多，且常有二手商品出现，商品的定价也可能差别较大，这些都需要选品员仔细观察商品，耐心比较，从中选出合适的商品。

选品员在通过线下货源渠道选品时，要特别注意商品的生产环节，如果条件允许，可以进行实地考察，这样就可以直接看到商品的生产环境和生产方式，对商品的质量好坏有基本的判断，在最终做决定时也能更有底气。

3.2.2 线上选品找货源

对于大部分互联网商品营销团队而言，依靠网络寻找货源是主要方法。如今，随着线上商务运营的发展，线上货源也逐渐增多了。通过网络平台寻找线上货源相比于寻找线下货源更加便捷，也更能节省时间。

线上的货源可分为同平台货源和不同平台货源两种情况，每种情况都有其具体的处理方法。

同一平台的货源渠道处理起来更加简单一些。因为是同平台，所以可以通过平台获取商家的主要联系方式，如果对方愿意合作，就可以成为可靠的货源渠道。

寻找不同平台的货源渠道要更复杂一些。首先要了解市场上常用的一些供货平台，在这些平台上寻找合适的商家。之后将获取的信息进行整合，一一比对，寻找与团队的营销理念最相符的商家。在找到之后，选品员可以通过平台提供的联系方式与商家进行联系，代表团队表达想要合作的意图。

需要特别提醒的是，网络上的货源厂家往往难辨真伪，其中也不乏虚假供货的商户。这就需要选品员多方考察，不仅要看与其合作的其他商家的评价，更要保证厂家信息的真实性。如果条件允许，可以和合作厂家在线下见面，签订纸质合同，使合作项目更有法律依据，这样更能保护己方的合法权益。

3.3

明确选品的标准

影响选品的因素有很多,而选品员在进行选品时不可能每一点都完全考虑到,因此这就需要有一个相对稳定的选品标准。并且,这一标准必须包括大多数选品员在选品时的主要关注点。

3.3.1 坚守"底线":商品应合规合法

为了加强对商品质量的监督与管理,我国自 1993 年 9 月 1 日起开始实施《中华人民共和国商品质量法》(以下简称《质量法》),现行的《质量法》是 2018 年的修正版。

在《质量法》中,对商品生产、销售、质量检测等环节都做了明确规定,对于可能危及人体健康、财产安全的商品都有严格的生产要求和行业标准,对于不符合《质量法》规定的商品也有相应的处罚规定。

选品员在选品时要首先确认商品是否符合相关法规的生产要求。特别是一些含有化学成分的商品，如果一些元素使用过量，就可能会危害人体健康，选品员在检查这类商品时要特别注意其添加剂的成分和数量是否达标。

选品员深入生产车间进行实地考察

3.3.2 "迎合"团队：了解团队的选品倾向

不同的团队选品的标准是不同的。顶尖的团队可吸引的消费者更多，商品销量更大，因此这些团队会更注重商品的口碑和品牌，会更乐于选择一些优质品牌的商品，特别是一些刚上市的新品，这样更能显示团队的选品能力。

规模较小、粉丝数量较少的团队会更倾向一些物美价廉的商品。这类商品通常是二线或三线的品牌商品，和一线大牌相比价格更低，和一些小品牌相比有质量优势，是大部分消费者会选择的商品。选择这样的商品既不用担心销量太差，也不用担心商品质量太差和出现安全问题，是明智的折中选择。

此外，选品员在选品时要考虑所在团队的经济水平。资金充足、规模较大的团队在选品时可以选择一些高端商品或品牌商品。但对于大部分团队而言，价格过高的商品并不适合用于销售，还会对其发展带来过多的压力。因而，性价比就成了选品员要考虑的一个因素。选品员要尽量选择受市场欢迎且不需要投入过多宣传费用的商品，这样才能有盈利收入。

总之，选品员在选品时应充分依照团队标准严格选品。

3.3.3 心中有数：选品员的基本选品标准

◆ 关注商品质量

过硬的商品质量是选品的硬性条件，如果商品质量没有保障，商品的销售就难以长久。即使商品被卖出,也会因为质量问题和消费者产生矛盾纠纷,最终导致客源减少。这样,不仅会使店铺口碑变差,销售状况也会受到影响。由此可见,商品质量是选品员在选品时必须注意的问题。

选品员在选择商品时还要考虑商品本身的价格及其质量的匹配度的问题。商品的价格要和商品质量相符,如果价格过高,团队成员在营销该商品时就可能受到阻碍,而消费者想要买到质量优、价格适中的商品,很少会买比同类商品的价格多出许多的商品。因此,选品员要学会把握价格和商品质量之间的关系,尽量选择性价比更高的商品。

◆ 预测商品销量

选品员选择商品是为了将其卖出去,因此商品销量或同类商品的销量是选品的必备标准之一。在统计相关商品销量时,选品员应当进行市场调研,对同一类型的商品在不同的购物平台上的销量都要有所了解,这样在比对商家提供的销量数据时,就能够知道该商品可能的销售情况,也能够知道商家是否存在造假行为。

销量数据是部分选品员在选品时最先考虑的内容,但也不能一味追求销量,要结合实际情况来估算商品可能的销量,只要其能够满足销量要求即可。

第 3 章

智慧选品员：好产品自带引流光环

选品的基本标准

- 产品质量
- 性价比
- 产品销量

职业观察

很多选品员在选品时都会选择爆款商品，认为这样的商品市场需求量更大，更容易进行营销宣传。

从商品的销售情况来看，爆款商品的确更容易吸引消费者，部分消费者会跟风购买这些商品。但不是所有的爆款商品都适合大量进货，一些商品之所以在短时间内受欢迎是因为其符合当下的流行风尚，一旦这一趋势不再流行，其相关商品也就不再被消费者喜欢了。因此，选品员在选择这类商品时一定要仔细分辨，只有依靠自身品质和良好口碑成为"爆款"的商品，才有长远的发展空间。

如果你是食品类商品的选品员，现在需要你为节令美食促销活动选品，请根据你感兴趣的节日进行选品并整理商品信息填入下表。

节日	可能成为爆款的商品	主要消费人群

主推商品相关联的商品中容易出圈的次爆款商品：

3.4

采购或代销，供货渠道多样化

供货渠道也就是进货渠道，多样化的供货渠道可以保证商品类型多样、品种丰富，满足消费者的购买需求。

3.4.1 采购

在很多互联网营销团队中，选品工作常与采购工作联系紧密，因此选品员也应该了解一些商品采购知识。一般来说，常见的采购渠道有以下几种。

```
     展会          网络平台         合作商推荐
```

采购的主要渠道

◆ 展会

参加商务展会是寻找适合的商品、拓展采购渠道的有效方式。在展会上能够接触最新的商品，也能结识更多的供货商。而且，能够参加展会的企业大多是经营状况良好的企业，因此在选品时不必过多担心对方资质问题或商品质量问题。

选品员参加互联网营销相关展会可以拓宽营销视野、了解行业形势，这有助于选品员以后做好有针对性、有预见性的选品工作。

◆ 网络平台

在一些知名度较高的采购平台上通常都有数量可观的供货商，选品员可以通过这些平台进行商品的采购工作。

平台中可挑选的商品种类较多，商品的详细信息也会标注在固定窗口中。因此，选品员只需要搜索关键字就可以挑选自己想要的商品了。这样的采购方式更加便捷，可选的商品品类也更多。

◆ 合作商推荐

除了自己寻找采购渠道，选品员也可以借助自己的社交网，通过一些合作商或朋友的推荐选择采购方式。这一方法的好处就是可以直接拿到商家的联系方式，省时省力。

在购买之前要先考察一下商品质量，不能盲目相信朋友的判断，这并不是对朋友的不信任，而是对工作负责的表现。如果商品质量合格、价格实惠，就可以考虑与供货商达成合作了。

在合作前要问清楚供货商可提供的商品数量，如果数量较少，我方团队在营销宣传时就要注意，不能过度宣传。如果购买人数过多，而我方又没有库存商品，就可能引起消费者的不满。如果商品数量充足，也要根据我方的销售情况选择适量的商品。

3.4.2 网店代销

选择网店代销，就是将网络平台提供的商品信息发布到自己的网店并进行销售，消费者购买商品后，由固定的平台提供发货以及售后服务。代销网店经营成本低，无须承担进货和库存风险，适合想要开店但资金少的商家。

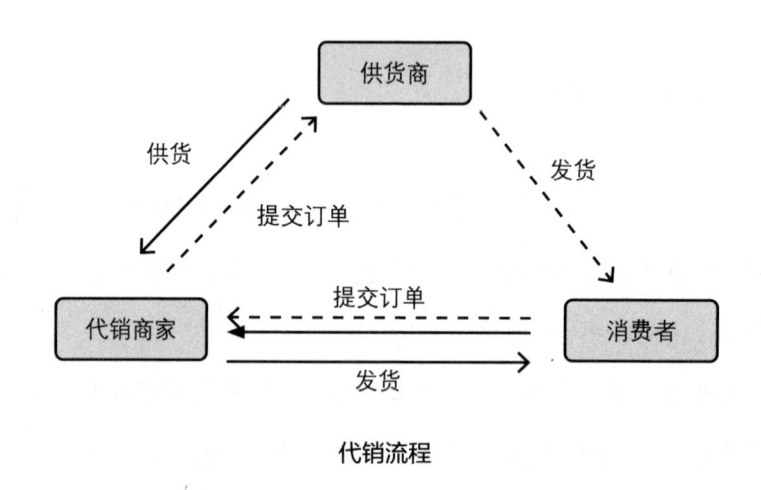

代销流程

选品员在选择代销网店时要小心谨慎，注意整个环节的流畅性。代销商户之间难免会有竞争，如果因为其不正当竞争影响到商品的销售，就得不偿失了。因此，选品员要关注整个代销流程，防止被骗。

网店代销上架商品后，只要保持与买家的及时沟通就可以了，不用花太多时间和精力在货源上面。

3.5

与商家对接、沟通的技巧

与商家进行对接和沟通是选品员的主要任务之一,在这一过程中,选品员要特别注意自己的行为举止,使其符合商务沟通的要求。

3.5.1 礼貌待人

在与商家进行对接和沟通时,选品员不仅代表了个人,也代表了整个公司的形象,因此在沟通过程中要遵循商务礼仪,给对方留下知礼、守礼的好印象。

在与商家沟通时要尊重他人。见面时要礼貌问候,让对方感受到自己的诚意。在交流过程中要认真聆听他人讲话,不能随意打断对方。双方达成合作意向之后,要主动和对方握手,并表达我方的意愿。

如果在沟通过程中和对方产生争执，不要贸然顶撞对方，更不能辱骂他人。应当沉着冷静地陈述我方的观点或建议，寻找合作契机和合作意向。

3.5.2 多谈商品

在沟通过程中，要将交流的重点放在商品上。在沟通过程中，谈话重点应围绕商品展开，要尽可能多地了解商品信息，为其后的销售工作打好基础。

要对商品的基本信息，如商品的价格、质量、功能，以及商家能够给出的营销优惠机制等有充分的了解。如果只是热销一时的商品，要注意该商品的主要宣传方向，了解商品的独特之处，并以此作为后续营销、宣传的重点。

此外，选品员要有意识地关注合作商家不同商品的营销重点，即"卖点"，这样在进行宣传工作时也可以有所侧重。可以主动询问，也可以在沟通过程中多加留意，商家重点宣传的内容往往就是该商品的"卖点"。

营销贴士

了解商品销售市场的具体方法

商品的销售情况是选品的重要参考数据,而了解商品销售市场的具体情况就是选品员的必备技能。

- 要着眼于商品销售的大环境,即宏观市场。要清楚政府部门对于相关商品的态度,以及同类商品的销售情况。从这些信息来推断商品的发展前景。
- 要清楚该商品的主要竞品有哪些,了解这些竞品的销售情况。如果竞品的产量和销量一直呈上升趋势,就要认真评估该商品是否具有竞争优势。
- 要关注该商品的市场价格,商品的价格要与团队营销能力相符。如果团队本身的关注度较高,可以选择高价商品,否则商品可能会滞销。

3.6 规避选品陷阱

选品过程也是摸索着前进的过程，其中会遇到很多陷阱，选品员要学会规避这些陷阱，只有这样才能保证自己所选的商品有好的销量。

3.6.1 盲目跟风

对于市场上的热销商品，选品员要有自己的判断，不能盲目跟风，看到哪个商品销量高就买哪个。

遮阳伞、风扇一类的季节性商品，往往只在一季热销，选品员在挑选这类商品时，数量不能过多，不然等热销季度过去，这类商品就很难卖出去了。

因为某一事件或某些热门话题而销量大涨的商品，其热销时间往往不会很长，等到这一事件或话题的热度退去，人们就不会再购买这一类商品了。所以，选品员在选购这类商品时要更加谨慎一些，不能为了一时的销量而大量进购此类商品。在和商家沟通所需的商品数量之前，最好先做好预算，尽量在短时间内将商品售出。

3.6.2 忽略版权

在选品时，要特别注意商品的版权归属，对于版权归属不明确，或宣传图片、商品图案存在侵犯他人知识产权、肖像权等问题的商品，不能进行购买。

选品员在购买商品之前就要将商品所涉及的版权问题都调查清楚，不能因为自己的疏忽大意而使店铺陷入版权纷争的漩涡中，这也会使其他商家对我方店铺产生误解，认为我方抄袭、盗用他人创意，不再和我方合作。

版权意识要时刻记在心里，不能出现违反国家法律、侵犯他人版权的情况。

3.6.3 过度营销

随着互联网营销技术的不断发展,一些商家也会请专门的营销公司来宣传自己的商品,给外界一种自己的商品很受欢迎的错觉,从而吸引更多的人购买该商品。

选品员要学会识别这些过度营销的商品。比如,当发现某一商品的广告或宣传过多时,选品员就要分析究竟是因为商品本身口碑很好还是商家的过度营销。或者,当某一商品的购买人数远超其他商品时,就要注意消费者对该商品的评价,是名副其实还是商家的虚假宣传。这就需要选品员多方考察,结合多个平台来判断该商品的实际销售情况。

第4章

视频创推员：
得心应手，玩转互联网营销

互联网营销的火热为视频创推员带来了新的发展机会。

对于视频创推员来说，想要打造爆款视频离不开别出心裁的点子、独特的视角以及优质的素材。因此，熟悉视频拍摄的方法，掌握视频剪辑的技巧是打造爆款视频的基础。

通过推广视频促进营销是视频创推员的最终目的，只有走出营销误区，掌握视频推广的策略，专注内容营销，才能在互联网时代增加视频曝光量，让更多的人关注视频。

4.1 专注内容营销，打开流量之门

4.1.1 传统营销VS内容营销

传统的营销方式（如电视、报纸、横幅广告等）都是尽可能多地将产品、服务和信息推送给客户，只要投入足够多，宣传足够广，就有一定概率的消费者会被打动并购买产品或服务。这种营销方式的投入与业绩通常成正比。

互联网时代，消费者获取信息的方式已发生了改变。其中，最突出的改变是由原来的被动接受信息变为主动接受信息。消费者通过互联网可以自己搜寻感兴趣的信息或内容，当对被动接受的内容不感兴趣时，可以直接过滤或屏蔽。因此，在互联网时代传统的营销方式投入与业绩不一定成正比，这就要求营销人员改变思路，开创新型营销方式。由此，适用于互联网时代的内容营销方式应运而生。

内容营销具体指创建、发布内容并将包含内容的信息传播给客户，以此促进销售，实现网络营销。内容营销中的内容包括文字、图片、动画、视频、地理位置等，因此商品图文详情、微博图文、抖音视频、宣传动画、微信公众号文章等都可以成为营销的内容。

丰富的互联网内容营销

随着互联网的发展，单纯依靠传统的营销方式已无法在激烈的竞争环境中保持领先的地位。在互联网背景下，消费者掌握着信息读取的主动权。因此，注重内容的营销方式要根据消费者的习惯和喜好，探索消费者的内在需求，以消费者的需求为出发点创建优质内容信息，并以此吸引消费者消费。

4.1.2 创建有价值的内容，提升流量

互联网时代下，团队如果仍然依靠大规模强制推广，采用单调、直接的广告，只会投入多、收效少。那么，如何让消费者主动关注团队的公众号、微博、抖音帐号等宣传通道呢？答案就是创建实用的、有价值的内容，并将团队想要推广和宣传的信息巧妙、隐蔽地包含在内容之中，让商业宣传在无形之中得到推广和传播。

某团队专注在线课程推广，近期想要推广一系列面向家长的高效育儿课程。他们在视频推广中采用单刀直入的方法，使用标题"××课程超低价劲爆开团"，但由于课程刚刚开创还没形成口碑，很多人并不了解课程，因此没有多少人点击观看推广视频。课程虽内容精良、价格优惠，却无人问津。

团队的视频创推员注意到使用传统的营销方式已无法打开流量，于是更换思路，重新发布了标题为"20年教学经验的老师提醒：应对孩子磨蹭的方法，根本不是催催催，而是……"的视频。在视频中针对孩子学习磨蹭、拖拉的问题介绍了问题产生的根源以及科学、有效的应对方法，同时在最后推荐了企业新开发的"儿童时间管理课程"。

磨蹭是大多数孩子都存在的问题，新视频的标题直击痛点，引起了广大家长们的关注。家长看完视频之后认同视频所讲的干货，自然愿意分享视频并为课程买单。

注重内容营销的企业更能够掌握消费者心理，针对用户进行精准营销，从而打开流量之门，实现内容变现。

营销贴士

掌握技巧，做好内容营销

互联网时代的视频创推员只有专注内容营销，获得更多流量和关注，才能成功推广产品或服务。视频创推员在进行内容营销时要关注以下三个方面。

- 内容不能偏离产品。内容营销注重内容，视频创推员最终的目的是推销产品或服务，因此在进行内容营销时，内容不能偏离产品，要围绕着产品来创作内容。

- 表达方式要巧妙。在内容中进行营销时要避免简单粗暴、单刀直入式的说教，要通过情境将产品或服务巧妙地融合到内容中，让消费者在不知不觉中被打动。

- 内容要实用。只有实用的、有价值的内容才能持续吸引消费者，提高流量，进而实现流量变现。

4.2 好点子、好视角、好素材——成就爆款视频

爆款视频可以吸引用户不断分享,在互联网上形成广泛传播,从而获得大量流量。所有的视频创推员都想打造爆款视频,那么如何成就爆款视频呢?爆款视频离不开这三样法宝——好点子、好视角和好素材。

4.2.1 好点子是引流的法宝

想要打造爆款视频离不开有创意的好点子。例如,某短视频平台视频内容与类型丰富多元,某视频创推员为了在激烈的流量竞争中脱颖而出,想出一个好点子:他在视频中一人分饰多角,视频内容多达十个角色,都是由他一人分饰完成,然后通过剪辑形成完整的故事情

节。视频内容本身比较搞笑，再加上新颖的创意表现形式，成功引起了人们的好奇，他的视频一时成为爆款，获得了大量流量。

4.2.2 好视角深耕精品内容

千篇一律的营销视频难免让受众厌倦，人都有"喜新厌旧"的天性，因此如果视频内容能够以非常规的好视角呈现，便可以给用户留下深刻的印象。

例如，航天员从太空"出差"回家，一时间成为各个视频创推员关注的热点，大多相关视频介绍的内容均是航天员的履历、成就以及其在太空的工作情况。但某视频创推员独辟蹊径，站在航天英雄家人以及同事的角度，讲述成功上天的航天英雄背后那些默默付出但没站在聚光灯下的人们的故事。此视频让人们注意到，我国航天事业不是一人之功，上天的航天员背后是无数默默付出的工作人员。此视频视角与其他视频不同，因此一经发布，就吸引了很多用户关注。

4.2.3 好素材成就爆款视频

好素材同样可以成就爆款视频。视频创推员在打造视频时要对素材优中选优,并针对用户特点选取受众广泛的素材。好的素材通常有以下一个或多个特点。

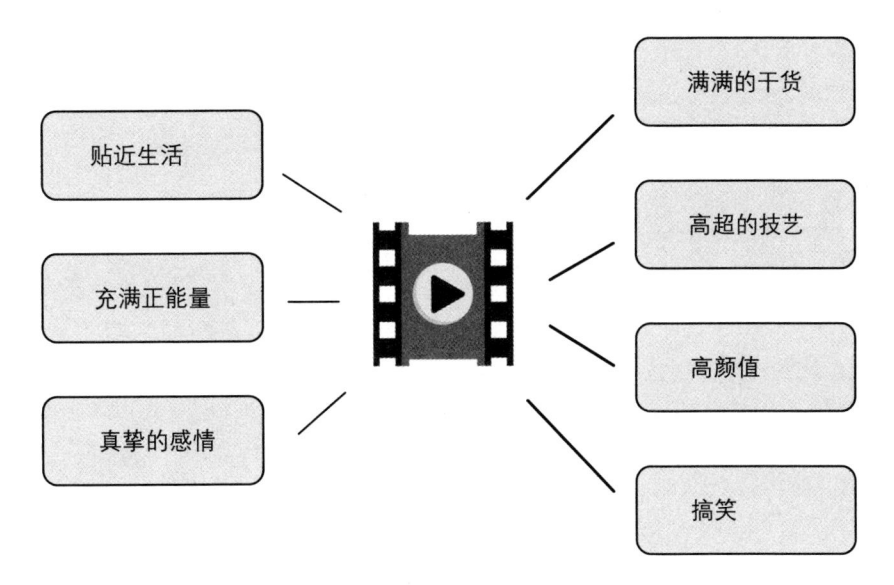

```
贴近生活
充满正能量              满满的干货
真挚的感情              高超的技艺
                       高颜值
                       搞笑
```

爆款视频素材的特点

当然,一条营销视频不可能包含上述所有特点,太多的点反而会让视频"四不像"、没有重点,因此在创建视频时要根据主题选取一至三个点来进行深入创作,这样更容易把握视频节奏。

例如,某视频创推员近期正在打磨一系列美食类视频,为了打造爆款视频,他结合时下流行的古风热,将古风元素引入美食视频。视频中美丽的女主人公身着古装，头挽发髻，向大家分享传统的中国美食制作方法。该视频凭借高颜值（人物美、风景美、食物美）、充满正能量（弘扬中国传统饮食文化）以及贴近生活的美食内容素材，一时引起广泛关注，粉丝数量直线上升。

4.3

不同平台，多元化视频呈现方式

互联网营销可选择的平台很多，如微博、微信、QQ等社交平台，淘宝、京东、拼多多等电商平台，还有抖音、快手、小红书等短视频平台。这些平台都可以发布视频，但是各个平台的视频呈现方式却有不同。

4.3.1 社交平台上的视频呈现方式

社交类平台中用户数量最多的当属微博、微信和QQ平台。微博是公开类的社交平台，即使不是好友，别人也可以看到你发布的视频或信息，因此在微博发布的视频曝光量更高。而且，微博发布的视频如果被一些大V账号转发，还可能上热搜、涨粉无数。QQ和微信都是腾讯公司旗下的产品，二者都是相对封闭的社交化平台，只有彼此是好友才能查看对方的视频信息，二者的优势在于有社群功能，通过社群可以实现"病毒式"传播效果。

社交类平台中的视频可以采用横版或竖版，视频画面比例控制在 16∶9 时浏览效果较好。在微博中上传视频时可以设置"开启片尾""展示水印""允许他人下载"等，QQ 和微信可以使用官方视频剪辑工具"秒剪"来剪辑制作视频。

在社交平台发布视频时可以尝试通过以下方式获得高曝光量。

- 在微博中添加标题等信息提高曝光量。
- 在微博中发布视频时点击页面中的"开启投稿"或"超话"将视频同时投稿到视频社区或超话社区，通过审核的视频将会同时在相应社区中展示，进一步增加视频的曝光量。
- QQ 的"说说"版块活跃度高，使用 QQ 的"说说"发布视频时更容易被看到。
- 发布在微信公众号里的视频所有用户都可以访问，因此公众号配合微信社群以及朋友圈能够产生很好的传播效果。

4.3.2 电商平台上的视频呈现方式

淘宝、京东、拼多多等电商类平台的用户以购物为主，在这些平台发布的视频通常为商品（或服务）的详情，因此发布在此类平台上的视频要尽可能在短时间内全方位呈现商品，重点突出商品优势，提高商品的购买率,在为视频添加标题时尽量选择热门关键词。

在电商平台发布视频时可以尝试通过以下方式提高曝光量。

●淘宝店铺以微淘消息形式发布视频,订阅店铺的用户即可在店铺动态中查看。

●淘宝店铺参加淘宝官方的活动(如淘金币抵扣、满减等活动)可以提高店铺内产品的曝光量。

●京东店铺想要提高视频的曝光量,可以通过发布店铺动态来提高浏览量。京东店铺动态包含三种类型,分别为:专题动态、促销动态和上新动态。

●参加拼多多平台的一些官方活动(如特价清仓、9块9特卖)可以使店铺商品出现在拼多多平台的特惠专区,从而提高商品的曝光率。

4.3.3 短视频平台上的视频呈现方式

短视频类平台,如抖音、快手、小红书等,这些平台的视频内容侧重于知识经验分享,推广的商品(或服务)需不着痕迹地融合于视频之中,如果像电商平台那样直接放商品介绍恐怕会无人观看。

在短视频平台发布视频可以尝试通过以下方式提高浏览量。

●提高视频的点赞、评论、转发、关注、收藏、完播率、重播率,这样平台就会为视频分配更多的流量,就会有更多的用户看到视频。

●为了提高完播率，要适当控制视频的时间，如果视频时间太长可能导致完播率低，从而影响视频流量。

●以视频中比较有趣的画面作为封面，配上要点文字，可以提高视频点击率。

●内容要有创意、有反转、有梗，这样可以吸引用户将视频看完。

●视频封面可以选用提问式语句，引导用户评论；在视频结尾可以提醒用户点赞，切忌过分要求用户点赞，以免引起用户反感。

4.4 系列短视频，打造品牌IP

单独一条短视频再火爆也无法永久保持热度，短视频平台每天都有成千上万条新发布的短视频，如果没有创建新的短视频，那么你之前的短视频很快就会淹没在短视频洪流中而被人遗忘。

不断更新、形成系列是互联网短视频营销的基础，多个形成系列的短视频可以不断加深用户印象，形成特色，最终打造出品牌IP。

那么，视频创推员在拍摄系列短视频时需要注意什么呢？

首先，在已发布的短视频中选择合适的内容，以此为基础创建新的短视频系列。那么，究竟哪些短视频适合做系列呢？我们在选择时要选取那些浏览量高、反响好的短视频，用户感兴趣的内容，另外要选择延展性好的内容，否则就无法形成系列视频。

其次，发布系列短视频时，每次都要有新的内容提高和亮点。一成不变容易让用户失去兴趣。每次都进行内容提高可以让用户不断有新鲜感，从而可以持续关注。

短视频的封面十分重要。封面要选择图像清晰、能代表整个视频特点的画面。封面上最好配上主题文字，主题文字可以使用特效修饰。文字内容是对视频的概括，通过文字内容用户可以一眼明了该视频讲什么。系列短视频的主题文字后面可以配上数字，如"宠物迷惑行为⑤"。

作品235		喜欢 🔒
宠物迷惑行为⑨ ♡20w	宠物迷惑行为⑧ ♡22w	宠物迷惑行为⑦ ♡24w
宠物迷惑行为⑥ ♡20w	宠物迷惑行为⑤ ♡25w	宠物迷惑行为④ ♡21w
宠物迷惑行为③ ♡25w	宠物迷惑行为② ♡24w	宠物迷惑行为① ♡23w

某视频创推员的系列视频封面示意图

4.5

视频拍摄与剪辑

4.5.1 视频拍摄

不同的视频平台，视频拍摄方法略有不同，进入平台之后点击发布视频的按钮或链接，通常能直接进入拍摄模式。视频平台同样支持上传已拍摄的视频，因此视频创推员可以使用视频平台拍摄、剪辑，也可使用其他方式拍摄剪辑完成后直接上传。

想要拍摄出好看的视频，除了不断地练习，还需要掌握一定的技巧。根据拍摄的主题不同，可以将视频拍摄分为动物（移动主体，如人、宠物、昆虫等）拍摄和静物拍摄，而且每种主题拍摄时都有专门的拍摄技巧。只有掌握了这些技巧才能拍摄出满意的视频。

拍摄动物时，由于拍摄主体是动的，因此拍摄设备最好是稳定的，否则拍出的视频会让人产生眩晕感。为了保持拍摄设备处于稳定状态，可以使用一些能够固定拍摄设备的器材，如三脚架、手机支架等。

拍摄静物视频时由于静物本身不动，如果设备也不动，那么视频就会显得十分单调枯燥。因此，拍摄静物时要让设备"动"起来。设备移动分为旋转移动和水平位移移动，一般在拍摄如汽车这种单个主体静物时，会使用旋转移动方式，这样能够全方位立体展现物体；在拍摄桥梁或道路等延伸性静物时采用水平位移移动（由近及远或由远及近），这样可以增添空间层次感。

视频拍摄的角度和距离决定视频的构图，会影响视频拍摄效果。

视频拍摄的角度可分为仰角、俯角和平角三种。使用仰角拍摄是将拍摄主体放于视平线上，而拍摄设备低于视平线。仰角拍摄可以放大主体的局部特征，拍摄主体会显得高大伟岸，这种拍摄方式常用于拍摄模特、大楼或高大的动物。使用俯角拍摄是将拍摄主体放于视平线上，而拍摄设备高于视平线。俯角拍摄常用于拍摄环境全貌或凸显拍摄主体的娇小可爱。使用平角拍摄时要注意将拍摄主体与拍摄设备都放于视平线上。

视频拍摄需要选择合适的距离。当要拍摄多个主体时，宜使用远距离，如拍摄互相嬉戏打闹的孩子们；当拍摄单个主体或主体细节时，宜使用近距离，如拍摄歌唱者的表情。

仰角拍摄（图左）和俯角拍摄（图右）

4.5.2 视频剪辑

　　视频剪辑是视频创推员创作视频过程中的一个重要环节，精心剪辑过的作品可以呈现出炫酷的视觉效果，吸引更多用户。视频剪辑工具通常提供添加音乐、裁剪与拼接、增加特效、添加文字等功能，巧妙运用这些功能可以打造出精美的视频效果。各个视频剪辑工具操作类似，这里以剪映为例进行说明。

（1）添加音乐。合适的音乐可以起到烘托气氛、凸显主题的作用。在添加音乐时要注意以下两点：

第一，避免空白。音乐包含起承转合，会有一部分声音的低谷或空白，在为视频配乐时要避免出现这部分音乐。

第二，起调完整。当视频内容短，无法呈现完整音乐时，要保证起调完整，避免突然出现过于高亢、不完整的起调。

（2）剪切与拼接。要制作一段理想的视频，一镜到底难以实现，此时，可以通过剪切与拼接来达成理想效果。在剪映中选中视频或音乐并进行拖动，将分割线置于要分割的位置，点击工具栏中的"剪辑—分割"，即可对视频或音乐进行分割，点击工具栏中的"剪辑—删除"可将选中的视频或音乐删除。想要拼接一段视频或音乐时，直接选中视频或音乐，点击"+"号即可实现拼接。

（3）增加特效。适当地增加特效可以为视频增色，例如漫天的花朵、萦绕在四周的星光等都可以为视频增添浪漫色彩。剪映中提供多种特效，在工具栏中直接选择"特效"按钮即可选择合适的特效。

（4）添加文字。适当地添加文字可以让读者更清晰地理解视频要点。在剪映中点击"文本"按钮，可以新建文本或识别字幕。

（5）滤镜。添加滤镜可以改变视频的色温、平衡和对比度，令视频整体改变风格。例如拍摄人物的视频时，选择鲜亮、白皙等滤镜效果可以让人物肤色更白，光线更亮。

4.6 推广预热，引流吸粉

视频创推员在完成视频的拍摄和剪辑后，就要进行推广和引流了，让视频被更多的人看到、吸引更多的粉丝是视频创推员的最终目的。如何推广预热，才能达到引流吸粉的目的呢？不妨参考以下几种营销技巧。

第一，发布预热信息。发布视频前可以在各个平台先发布活动或视频的预热信息，如电商平台在活动开始前可以在店铺先发布满减活动规则，提醒用户先将活动商品加入购物车等。

第二，巧选发布时间。不同时间段平台的在线用户数量会不同，因此要想视频被更多的人看到，应尽量选择在平台用户活跃度高的时间段发布视频，如工作日的早上七点至九点，中午十二点至一点，下午四点至六点，晚上九点以后以及周末，这几个时间段是大部分人的休息时间，因此用户活跃度相对较高。除此之外，还可根据视频主题的特点选择发布时间，如果视频内容是励志型的，则适合发布在早上七点至九点，因为这段时间是一天的开始，大家的心态都积极向上，此时发布励志视频容易跟用户产生共鸣，引起大家点赞转发。

第三，以量取胜。当粉丝数量不多时，要勤发视频。这样做一方面可以维护原有粉丝，防止脱粉；另一方面，视频数量越多，视频平台给的流量也就越多，视频越容易被人看到。

第四，鼓励转发。在视频中可以鼓励粉丝转发视频或者@流量大的粉丝，以此提高视频曝光量。

第五，多平台互动。通过社交平台社群转发加短视频平台内容营销联动的方式增加视频的曝光量。

第六，紧跟热点。热点的用户关注度高，因此在视频内容中关联热点话题可以提高视频的播放量。

第七，提高视频内容质量。视频内容最能体现视频的价值，如果只是一味地通过各种技巧增加粉丝量，却不注意提高视频内容质量，那么最终原有粉丝也会丢失。在创建视频时，只有精心策划、认真拍摄和剪辑，提供高质量的干货内容，才能不断吸引粉丝关注。

4.7 常见视频营销误区

视频营销以内容为核心，利用精心制作的视频内容实现品牌推广，它以"互联网"为依托，具有感染力强、传播速度快等优点。成功的视频营销可以快速获取大量粉丝，取得经济效益。视频创推员在进行视频营销时想要取得显著的成效，就要避免进入以下视频营销误区。

误区一：将产品和品牌直接植入内容。

内容营销专注内容，但并不是将产品和品牌像广告一样直接植入内容中，而是根据产品的特性，围绕产品自身的优势定制化内容，将内容植入产品和品牌。

误区二：不懂平台规则。

每个平台都有自己的运营规则，视频创推员在创建视频时要遵守平台的规则，如抖音平台禁止在视频中出现二维码，如果出现则会被下架处理。因此，在进行视频运营时需仔细研读各个平台的运营规则，避免精心制作的视频遭受下架等处罚。

误区三：没有自身定位，什么热发什么。

一些视频创推员不重视自身定位，看见什么有热度就发什么内容，这样吸引来的流量不持久，无法形成高质量的粉丝。

误区四：单点突破，没有整体运营。

视频营销想要打造爆款视频，单点突破很难取得好的效果，爆款视频的背后常常是一个团队整体运营的结果。只有从包装、平台推广到渠道选择等方方面面一起整体运营，把内容营销与其他营销（如品牌营销、广告营销、数据营销等）结合起来，才能成功出圈。

职业观察

视频创推员作为互联网营销师的一个工种，其主要工作内容为创造、加工视频并进行推广。随着短视频平台的火爆，各个行业的人员开始尝试参与到短视频的制作中来，这也意味着视频创推员面临着更加激烈的竞争。

想要打造爆款视频离不开好点子、好视角和好素材。视频创推员要紧跟热点，并保持积极向上的价值观，传播正能量内容，只有这样才能打造出优质视频。

如果你是一名互联网视频创推员，你有自己感兴趣的视频创作类型吗？目前行业内你认为哪些视频创推员的职业能力是比较强的？有哪些方面值得你学习？尝试进行调

第 4 章
视频创推员：得心应手，玩转互联网营销

查和分析并填表如下。

视频创作类型	"头部"视频创推员举例	职业特点、优势

本人可以借鉴和提升的职业能力：

第5章

直播销售员：
成功打造头部主播

直播销售员，俗称主播，是互联网营销师的一个重要工种，也是镜头前辨识度最高的一个工种。在各直播购物平台上，点开任意一个直播间，都能看到在镜头前卖力呐喊的主播，甚至在一些热门的直播间，主播刚喊完"上链接"，几秒钟内商品就被抢购一空。

究竟是什么样的魔力让一些主播能拥有庞大的粉丝数量、高人次的浏览量呢？头部主播又是怎样做到一次又一次刷新销售额的呢？这些都是需要直播销售员去认真思考和研究的问题。只有充分掌握直播技巧，才能增强粉丝黏性、提高带货转化率。

5.1

吸粉秘诀，论主播人设的重要性

5.1.1　突出特色，发挥特长

要成为一个合格的主播，首先要有自己的特色，要能通过自己与众不同的特色来吸引粉丝，这些特色正是增加粉丝黏性的"黏合剂"，是主播吸引粉丝的重要基础。

要成为一个优秀的主播，必然要有一定的特色，主播的特色是主播吸引粉丝的"加分项"，是使粉丝能通过观看主播的直播而有所受益（买到性价比高的商品、愉悦身心、获得正能量等）的关键。

那么，究竟什么才能成为主播的特色和专长呢？大可不必纠结于书面形式的技能认定，以下介绍一些不同形式的主播分类，或许能为你发现自己的特长带来启发。

◆ 展示才艺

互联网时代，出现了很多类型的主播，其中有些主播凭借一些特色才艺吸引了不少人的关注，如唱歌、跳舞、厨艺等，这些主播会充分利用自己的才艺进行视频分享或直播。

此类主播利用的是非常讨喜的"才艺担当"的人设来吸引粉丝的关注，他们分享的日常生活片段或直播内容大都是围绕着自己的才艺来进行的，生产出来的内容也是成体系的，具有非常明确的主题，因此粉丝人群相对比较固定，往往是某一方面的爱好者。

"才艺担当"主播们的带货也会围绕才艺主题展开。如歌唱才艺担当主播们的带货商品大多为话筒、收音器、数码产品等，厨艺担当主播们的带货商品大多为厨具、调料、美食等。

展示歌唱才艺的主播

分享厨艺的主播

◆ 经验分享

经验分享类主播往往是在某一领域有丰富的经验或独到的见解，通过分享自己的知识、心得来获得粉丝的关注。此类主播也是主播领域最为活跃、最受关注的一类主播。

此类主播中，穿搭主播、美妆主播的粉丝量大，是当前比较热门的主播。这些直播往往依托于购物平台开设直播。以淘宝直播为例，粉丝用户可以一边观看直播一边购物，在查看购物链接、下单购物的过程中不必退出直播间，同时还可以通过刷屏、点赞与主播进行互动，也可以将直播间分享给自己的亲朋好友。据阿里巴巴财报数据显示，2020 年度，淘宝直播的主播数量同比 2019 年增长了 661%，销售额过亿元的直播间近 1000 个，各主播所创造的 GMV（成交额）超过人民币 4000 亿元；[①] 在各类主播中，服饰主播和美妆主播数量最多、GMV 贡献率最大。通过这些数据足以窥见主播们的强大影响力。

正在分享化妆经验的主播

除了穿搭、美妆主播，还有育儿、读书、炒股等方面的经验分享类主播。这些主播通过分享自己的经验和心得体会来吸粉、带货，粉丝们则能从主播的内容分享中获得情感共鸣，进而主动在主播的直播间购买母婴产品、好书、好物等。

---

① 淘宝直播年度报告：2020 年直播超 10 万场 主播数量增长 661%[EB/OL].https://baijiahao.baidu.com/s?id=1698356925185021050&wfr=spider&for=pc，2021-04-29.

第 5 章
直播销售员：成功打造头部主播

◆ 跨界与潮玩

当前，明星跨界当主播成为一股潮流，各行业明星因为拥有前期积累的粉丝基础，在跨界转做主播时往往具有吸粉优势。

现代人们压力大，渴望休闲娱乐的需求日益增多，因此旅游主播、吃播、探店主播、游戏主播、跑酷主播、健身主播等专注于分享休闲娱乐内容的主播在近两年也大受欢迎。在各大直播平台、短视频平台均有这样的主播和达人。

你可以结合自己的兴趣爱好，挖掘自己的特长，做一个与众不同的主播，如此才能引流吸粉。

直播城市旅行的旅游博主

5.1.2 不必硬拗人设，适合你的才是好的

很多主播在刚入行时会选择模仿某一个或几个知名主播，希望以此来"蹭"流量和热度而积累粉丝，这是非常聪明的做法。但是如果没有"因人而异"地突出自己的特色而一味地模仿，就容易陷入抄袭的误区，这是万万不可取的。

不管是初入行的主播还是转行跨界的主播，都不能一味地模仿他人、硬拗人设，而是要认真分析自己的特点、优势，结合自己的实际情况立人设，只有这样，人设才能立得稳，主播之路才能走得顺。

职业观察

随着社交、视频、音频、购物等各大平台的广泛覆盖，不同类型的主播层出不穷，主播之间的竞争也愈加激烈。

现阶段，主播们通过不断出新、出奇来争夺粉丝和流量。在激烈的市场竞争下，有的主播创造了现象级的直播带货转化率，有的主播因不当竞争、违法违规被封杀。

坚持稳定人设、坚持更新、坚持产出优质内容是作为直播销售员的各类主播的基本职业素养和能力。在内容产出、持续更新之前，选定人设是第一步。

第5章

直播销售员：成功打造头部主播

现有一些新入行的主播正在面临人设困扰，请你总结几点建议给他们，并就具体人设指出可带货品类，将相关信息填入下表。

主播	人设	可带货品类举例
林黛玉		
杨贵妃		
苏轼		
主播立人设的中肯建议：		

5.2

怎么说，才能戳中消费痛点

良好的语言表达能力是主播的职业基本功。对于带货主播来说，在镜头前和进入直播间的消费者（粉丝或网友）进行沟通的主要方式就是语言沟通。这就需要主播具有良好的语言表达能力，用富有魅力的语言引导消费者关注自己、了解商品、下单购物。

5.2.1 表达清晰，语言流畅，有感染力

在直播间中，主播的语言是消费者了解主播、认识主播的"第一媒介"，如果"第一媒介"不具有吸引力，或者令人不适，那么消费者就没有继续停留在直播间观看的欲望，也就不会在直播间下单购物。因此，要想吸引消费者、引导消费者下单购物，应该要注重规范语言、提高语言表达能力。具体应重点关注以下几个方面。

首先，主播的语言表达要清晰。互联网技术的发达、自媒体的广泛覆盖让众多有意从事直播销售员、成为网络主播的人跃跃欲试。无论主播来自我国哪一个地区，只要有能联网的设备和可以直播的平台就能进行直播。但是，各个地区的语音、语调、语义不同，所以主播面向全国网友进行直播，应尽量使用大家都能听懂的、普遍认可的语言，最好选用普通话直播，避免乡音太重而影响消费者聆听和理解。

其次，主播的语言表达要流畅。主播应吐字清晰、口齿伶俐，支支吾吾、吞吞吐吐、张冠李戴、前言不搭后语的商品介绍，会影响消费者对商品性能、优惠机制的理解，影响消费者的购物体验，也会让消费者质疑主播的专业性。

最后，主播的语言表达要有感染力。具体来说，富有节奏感、有场景和画面感的语言表达能增强主播语言的感染力，烘托直播间的购物氛围，让消费者愿意继续倾听下去，从而跟随主播的语言节奏和内容引导主动下单购物。

5.2.2 关注消费需求，真诚引导

◆ 从消费者的需求出发介绍商品

如果一个主播将商品的性能介绍得十分详尽，将商品的行业地位、设计理念夸得天花乱坠，却始终说不出消费者对该商品的需求

点,那么这个主播就不能称得上是一个合格的主播,因为他的语言根本不会打动消费者。

对于消费者来说,有需求才有购买欲望。主播在介绍商品时应结合消费者群体的性别、年龄、喜好等来介绍商品,从多个角度去分析和体会消费者对商品的卖点需求,这样才能让消费者产生"我需要这件商品""这件商品适合我"的想法,才能进一步让消费者产生点击购物链接去购物的想法。

◆ 适时谈心,表露真诚

对于直播间的引流商品、爆款商品,主播在介绍商品之余,可以讲一讲自己对该商品的"情感",让消费者真正感受到主播的真诚推荐和真心为粉丝谋福利。

例如,主播可以与消费者分享自己参与商品的设计或选品、亲自到原产地溯源或考察、与供应商进行了多次多轮洽谈的经历,以及使用商品的亲身感受,在讲述商品相关故事、体验的同时,可以在直播间展示设计手稿、溯源照片、与供应商讨价还价的部分聊天记录、使用商品留下的空瓶或包装等。

主播在直播间介绍商品的语速往往是非常快的。其实,对于一些主推商品,主播偶尔通过真切的语言和生动的"证据"展示,反而能让消费者更全面地了解商品,进而打动消费者。

5.3 商品展示技巧

5.3.1 不同品类商品展示，有的放矢

不同品类的商品有不同的特点，因此展示的角度、内容、侧重点等也不同。这里简要介绍以下几种常见品类商品的展示重点。

服饰类商品——重点展示服饰的面料、设计感、美感以及服饰的上身、搭配效果。

美妆类商品——重点展示商品的质地、使用方法、上妆效果、适用人群、保质期等。

家电数码商品——重点展示商品的安装、使用方法、使用效果、耗电情况、与其他相关商品的适配性等。

食品——重点介绍商品的口感、配料表、生产日期、保质期等。

在进行不同品类的商品展示时，主播还可以有针对性地选择以下一种或几种不同的商品展示方法。

实物展示——如将成套商品、赠品依次陈列在镜头前,通过直观的多个商品数量来刺激消费者的购买欲望。

图文展示——如展示同款商品的线下实体店销售价格,与直播间的商品活动价格形成对比,引导消费者下单。

视频展示——如播放商品的广告、商品生产过程,或者播放主播本人溯源商品、体验商品的 vlog(视频日志)等,给消费者提供更加生动形象的视听感受。

数据/信息展示——如在推荐热销商品、某一商品返场再推荐时,可以向消费者展示商品的已有评价数、月销量、买家秀等,用实实在在的数据和信息刺激和打动消费者。

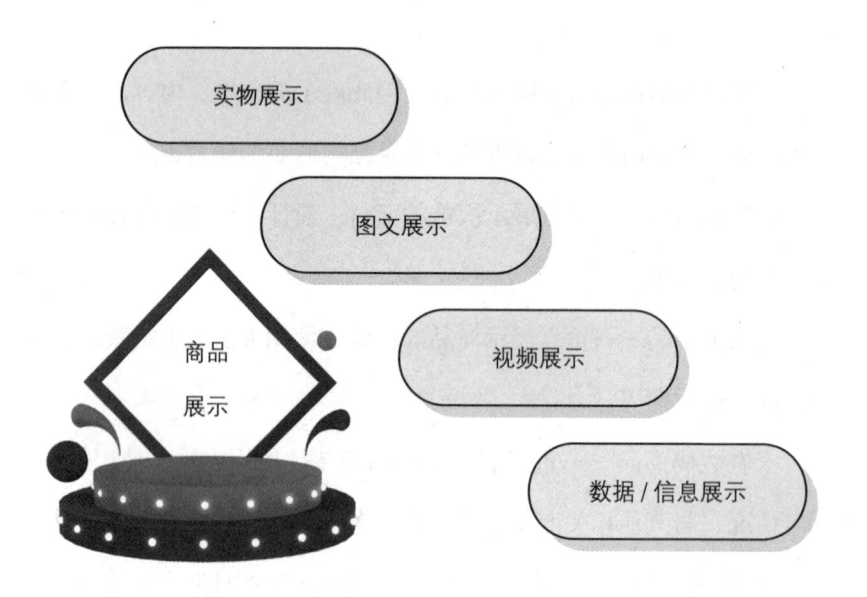

不同商品展示方式

营销贴士

直播商品通用展示法则

主播在直播间展示商品时,怎样才能让网友们隔着屏幕真正感受到商品的特色和优点呢?这就需要主播在展示商品时掌握一定的技巧。不同商品展示方法有所不同,如果你把握不好不同商品的不同展示方法,可以了解下以下商品通用展示法则。

- 展示细节。如服饰面料细节、美妆粉液质地、商品巧妙设计细节等。
- 展示商品时确保对焦清晰。主播在展示商品时注意遮挡脸部(很多直播设备会自动识别对焦人脸),使设备对焦在商品上,让消费者更清晰地看到完整的商品。
- 展示商品的"百搭"性能。如介绍一件上衣时可以展示该上衣搭配裤、裙的效果;介绍箱包时可以展示箱包搭配不同风格服饰、不同出行方式的效果。

- 展示商品的配料表、保质期。主播应明确地告知消费者商品的配料表、保质期,以免消费者误买令自己过敏的商品,或购买商品后没有及时使用导致商品过期。
- 展示和介绍商品禁忌。如不推荐哪些人群使用,不推荐商品搭配其他哪些商品使用。
- 烟酒类商品展示,不得在直播间试用。

5.3.2 试用、试穿、试吃

主播在直播间试用、试穿、试吃所推荐的商品,不仅能让消费者和粉丝相信主播确实在使用该商品,能判定商品的安全性、有效性,还能使消费者对商品的使用效果产生积极的期待。例如,服饰对气质的衬托,商品对身材的修饰效果,鞋子的搭配风格与增高效果等。

此外,主播在直播间进行试用、试穿、试吃,能方便主播将当下对商品的使用感受描述给消费者,让消费者能对商品的一些使用细节和感受有更深入的了解。

第 5 章

直播销售员：成功打造头部主播

主播正在展示服装试穿效果

5.4 拒绝口误，优惠机制要说清

　　主播在直播时难免发生过向消费者传达错误信息的失误，或是无意识的口误，或是将优惠机制张冠李戴。但如果这种失误频频发生，不仅会影响消费者的购物和观看体验，还会给消费者留下"主播专业能力较差"的不良印象。

　　要成为一个优秀的主播，就应做好直播内容讲解，尽量减少和避免语言失误。

　　虽然带货主播的语言表达不像新闻主播、电台主播那样有严格的表达要求，但主播也应重视自己的吐音、吐字是否清晰，语言内容表述是否准确无误。同时，表达应尽量顺畅流利，避免吞吞吐吐、前言不搭后语，影响消费者的收听感受。

　　通常情况下，主播在一次直播的过程中往往会在直播间放置不止一个购物链接，遇到特殊节日的直播促销活动，购物链接会非常多，多至几十甚至几百个不等。如此多的购物链接不仅会让消费者眼花缭乱，即使是提前接触、对接过商品的主播也容易记混、记错信息，如不同商品的赠品数量、优惠机制。因此，主播一定要提前做好准备工作，避免在直播过程中出现失误。

主播应重视在直播间语言描述的准确性，不断提高自己的专业能力，具体可以从以下几方面做起。

加强口腔肌肉控制训练：练习口部操、绕口令，吐字发音清楚、不卡壳。

加强气息练习：避免内容断句不清、话术表达节奏不当。

确认信息内容：如品牌方、商品名、代言人及生僻字词。

提前规划和排练：大型促销活动的直播，提前做好直播规划、熟悉直播流程、优惠机制，必要时准备提词器或展示优惠机制内容的海报。

拒绝口误、说清优惠机制的要点

5.5

感官与场景刺激，引导消费

5.5.1 多感官共用，沉浸式体验

主播与消费者隔着屏幕沟通并非易事，优秀的主播应善于调动自己的多个感官去感受商品，并将这种感受直观地表达出来，给消费者真实生动、沉浸式的购物体验。

以吃播为例，推荐酸辣粉时，主播可以先手捧盛放煮好的酸辣粉的容器，将其放置在镜头的正前方，展示酸辣粉全貌，描述酸辣粉的丰富配料、汤粉色泽、诱人香气等；再用筷子挑起几根酸辣粉对焦到镜头前给出特写，详细介绍粉料的质地、新鲜程度等；然后将镜头切回到日常焦距，津津有味地品尝酸辣粉，并描述酸辣粉的口感、味道层次感、吃后心得。充分调动丰富的听觉、视觉、嗅觉、味觉多感官感受，很难不让消费者心动。

5.5.2 场景搭配，联合促销

"上衣+下装""锅具+炊具+餐具"，抑或数码产品套装、洗护产品套装、美妆产品套装等，这些商品的搭配促销不仅能提高消费者的下单率，还能降低消费者的退货率。

如果在展示搭配促销的产品时，能将直播间的背景板或电子屏画面配上通勤场景、厨房场景、家居场景、约会场景等，更能给消费者营造一种美好的体验环境，有助于消费者主动下单。

5.5.3 场景化描述，增强代入感

主播场景化的语言描述能给消费者带来一定的心理暗示，使消费者自动代入场景中去体验角色，进而自主购物。

值得一提的是，主播的场景化描述应符合产品特点和性能。如推销香水时，可以根据香水的不同香味描述如下："漫步在幽静的树林里，清新的树木和花草香扑面而来，有一种身陷大自然的感觉。""穿上甜美的小礼服，和男朋友坐在高档餐厅里来一场甜甜的约会，搭配这款甜味十足的香水，连空气都是甜的了。"当消费者跟着主播的场景化描述代入角色后，他们就有可能产生想要拥有这款产品的购物冲动。

5.6 氛围烘托，避免冷场

5.6.1 独乐不如众乐

在直播过程中，从消费者的角度来看，只能看到镜头前的主播、助播，有时还有其他展示商品的模特或工作人员；从主播的角度来看，直播间除了出镜人员，还有其他很多工作人员，如负责上传和删除商品链接的后台管理人员，负责切换直播镜头的工作人员，负责准备搭配、传递商品的工作人员等，这些工作人员都是主播的强大后盾。

主播在进行直播时要利用好自己的强大后盾，当主播在直播间与消费者互动时，直播间其他人员要及时呼应主播，烘托或温馨或热闹的消费氛围。

5.6.2 合理使用话术

语言表达能力的提高是一个需要主播长期关注和不断练习的过程。对于初入行的主播来说，可以尝试通过以下典型话术来调节直播间气氛。

- 欢迎话术："嗨，大家早上／中午／晚上好，欢迎进入××的直播间！"或读出进入直播间的用户的昵称，和他们一一打招呼。
- 宣传话术："关注主播不迷路，点点关注，每天××准时直播！""关注直播间，每天带你变美变漂亮！"
- 促销话术："准备好你的手速，倒计时5、4、3、2、1——上链接！""早买早享受，晚买享折扣，机会不容错过哦！""赶快下单，卖完不补。""××秒钟卖了××份，后台踢人，没抢到的快去捡漏！"
- 互动话术："喜欢长款扣1，喜欢短款扣2。""刷屏已买抽免单啦！""点赞点起来，冲到××开热门哦。"

开播时热情打招呼的主播

5.7 链接、价格错误怎么办

带货主播的销售具有实时性，一旦消费者的购物行为发生就不可逆转，因此在前文中多次强调主播应清晰准确表达，拒绝口误，说清优惠机制，避免引导消费者错误下单。

但是受各种因素的影响，直播间难免会出现商品链接、价格错误的情况，这时，有经验的主播是如果应对的呢？参考如下。

● 及时下架错误链接、订正商品价格。

● 如果消费者已下单，请消费者主动取消订单，或联系客服修改规格、颜色，或收到货联系客服退差价。同时下架错误链接，订正商品价格后重新上架。

● 视不同操作方，主播贴补赠品或与商家协调由商家贴补赠品。

需要特别提醒的是，上错链接和标错商品价格尚有补救措施，但如果是故意上错链接或用标注错误价格的套路来欺骗消费者，会让主播逐渐失信于粉丝和消费者，得不偿失。

5.8 避免"翻车",随机应变巧圈粉

"翻车"作为网络流行用语,特指发生了正常流程以外的情况。主播在直播过程中发生了不在既定直播流程和内容中的意外情况,就是直播"翻车"了。

主播"翻车"可能成为直播间搞笑的小插曲,也可能给主播带来严重的负面影响。排除故意为之,很多业内人士认为,主播"翻车"是主播职业素养不足的表现,属于个人或团队的工作失误。

当主播"翻车"时,应对得当可以活跃直播间气氛、让主播引流圈粉;发生严重负面"翻车"事件或应对不当可能导致主播掉粉,甚至会受到平台惩罚或永久封杀。近年来,各类主播大大小小的"翻车"为广大网友和消费者贡献了许多"翻车"名场面,而这些冲上热搜的"翻车"多是负面事件,严重的会发展为直播事故,给主播的职业发展带来了不良影响。

经验不足，流程、节奏混乱。

互动不好，频现冷场、话题跑偏。

功课不足，讲错商品的品牌、卖点、价格等。

操作不当，给消费者展示的商品效果出人意料。

引导无效，带货转化率过低，甚至转化率、下单量为0。

出言不逊，diss（不尊重）粉丝、品牌方，莫名其妙发脾气。

主播常见"翻车"尴尬场面

为了提高随机应变能力，减少和避免"翻车"或发生直播事故，主播应重点做好以下工作。

- 进行直播预演、熟悉信息，梳理商品卖点、数量、优惠机制。
- 与助播、团队其他人员密切配合，确保直播流程、氛围正常。
- 专业性强的商品请专业人士进行商品展示。
- 灵活调整商品销售的时间点、销售时间长短，提升转化率，必要时应安排补播。
- 熟悉各类话术、控制情绪，沉着冷静。

5.9 盘点不受欢迎的主播类型

不同的主播有不同的个人特色或人设，头部主播的职业素养和专业能力值得刚入行的主播学习。但无论你想模仿或成为哪一种类型的主播，都不要成为不受欢迎的主播，尤其要避免成为以下几类主播。

第一种，高高在上、鄙视或 diss 粉丝、拒绝粉丝提建议的主播。

第二种，自顾自念稿、拒绝交流、无视直播间网友提问的主播。

第三种，随意修改直播时间，消极怠工、经常爽约的主播。

第四种，夸大其实、虚假宣传商品的主播。

第五种，售卖涉嫌抄袭的商品、售卖假货的主播。

第六种，预售时间过长，消费者刚收到货就秒杀促销的主播。

第七种，为清库存，故意发错商品颜色、尺码、规格的主播。

第八种，性格内向或脾气暴躁的主播。

第九种，直播内容低俗、挑战法律法规的主播。

第十种，价值观、是非观不正确的主播。

第 6 章

平台管理员:
大数据营销应该这样做

随着互联网技术的深入发展，大数据信息处理在企业经营中发挥着越来越重要的作用，大数据营销开始成为很多商家的主要营销方式。

大数据营销就是将大数据技术应用于产品营销领域，相当于大范围的、精准的广告投放，使目标群体顺利接收到产品信息，达到宣传营销的目的。

大数据营销的时效性较强，在营销内容上更有针对性，更具个性化特点。而且，大数据营销由于更具广告投放的精准性，相比于传统广告而言，反而更能节约成本。

6.1 互联网营销数据分析

互联网营销的数据分析是指用统计分析的方法处理收集的大量数据，并从中获取有效信息。

6.1.1 营销数据分析的步骤

网络平台中的数据多而冗杂，平台管理员需要经过一系列的操作才能将杂乱无章的数据整合成有使用价值的数据资料。

首先，要有明确的目标。平台管理员首先要明确自己需要的数据是哪一方面的，之后再进行有针对性的搜索，这样才能在多如牛毛的数据中找出自己所需的数据。

其次，收集数据。平台营销数据的收集通常都有固定的程序，有些平台还会有自动采集数据的功能，同时也可以借助一些软件收集数据。平台管理员要学会利用互联网技术，轻松且高效地解决问题。

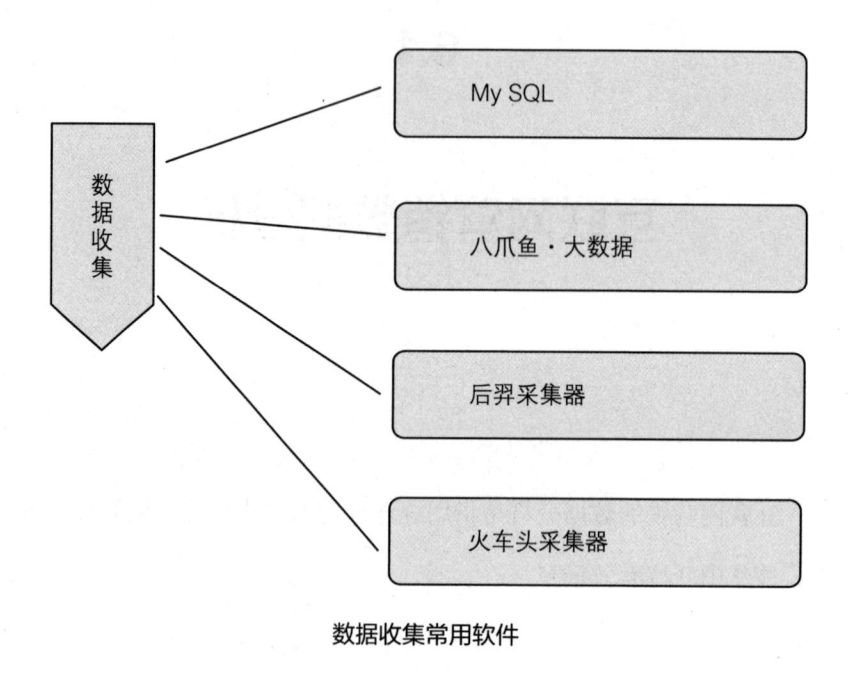

```
数据收集 ──┬── My SQL
          ├── 八爪鱼·大数据
          ├── 后羿采集器
          └── 火车头采集器
```

数据收集常用软件

再次，处理营销数据。数据处理工作是对数据进行加工、处理，使之呈现一定的规律性，并且能够从中得出有价值的结论。管理员可以利用数据处理软件对数据进行加工、处理。常用的数据处理工具如Excel表格、FineBI等都可以帮助管理员做好数据处理工作。

最后，做总结。管理员要理解、分析已经处理好的营销数据，从数据所反映的情况中找出其背后蕴藏的意义，并得出结论。这一结论必须是基于所得数据而得出的，要能够说明数据反映的问题或某种现象，这样得出的结论才会有指导意义，可以成为团队在决策时可借鉴的资料。

6.1.2 数据分析的方法

数据分析是一个复杂的过程，想要做好数据分析就必须掌握一些方法和技巧，以下是几种常用的数据分析方法。

◆ 对比分析法

对比分析是统计分析中的常用方法，是将互相联系的指标数据进行比较，来体现研究对象在数量上的变化。

对比分析法主要包括纵向对比和横向对比两种对比方法。纵向对比是同一事物在不同时间段的变化，如同比和环比；横向对比是不同事物在同一时间段的变化，如不同的商品在同一季度的利润率高低。

通过使用对比分析法，可以得出商品在发展水平、发展速度等方面的发展变化。

◆ 分组分析法

分组分析法是按照一定的规律，将数据拆分、组合为不同的小组，将各组数据进行比较。

比如，要比较在不同的月份中的多个平台的图书销售情况，就应该先按照月份将各个平台的数据进行分组，之后再比较不同月份中各个平台的图书销量。将所得的数据销量做成图表，就可以直观地看出不同数据之间的差异了。

◆ 漏斗分析法

漏斗分析法也被称作流程分析法，主要用于分析某些重要环节的转化率问题。比如，一位女士想要在某平台买一条短裙，那么从她点进这一平台到选中裙子付款需要经过以下几个步骤：挑选商品、点进商品页面、查看商品信息、选择商品规格、确认并付款。

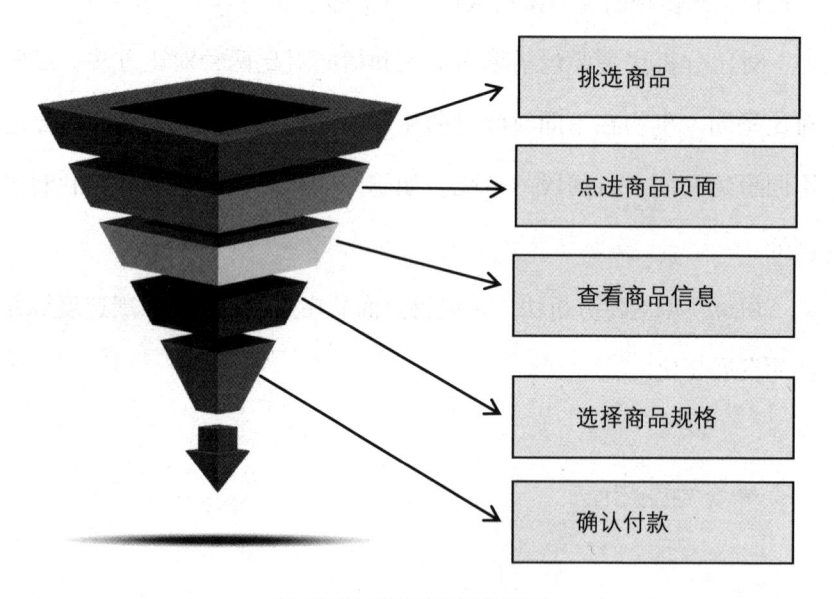

在网络平台购买商品的步骤

由上图可以看出，从消费者挑选商品到其付款购买商品的可能性是不断减少的。采用漏斗分析法可以清晰地看出不同环节的转化率，

第6章
平台管理员：大数据营销应该这样做

如果某一环节的转化率大幅度下降，商家就应当重点分析这一环节转化率下降的原因，并找出解决办法，这样才能不断优化发展。

职业观察

数据分析包括数据获取、数据清洗、数据分析、数据可视化等不同的程序，每个程序都可以借助一些工具性软件来完成，比如数据清洗可以使用 Excel 或 Access，数据可视化可以使用镝数图表。

如果你是某购物平台的管理员，现在需要你制作一份该平台 1-3 月份的浏览量数据报告，你会选择哪些工具来帮助自己完成这份报告呢？汇总你选择的工具以及工具操作优势填表如下。

数据处理	选择工具	操作优势
数据获取		
数据分析		
数据可视化		
个人还有哪些好用的数据处理工具推荐：		

6.2 链接准备

链接是平台网页指向目标的连接关系，所指向的目标可以是其他网页，也可以是某网站地址或应用程序。链接可以是一段文字也可以是一张图片，当浏览者打开链接后，就会进入平台的相应页面。

6.2.1 链接的分类

平台上的链接一般可分为以下三种：

第一种是绝对 URL 的超链接。绝对 URL（Uniform Resource Locator，统一资源定位符，指能够从网络平台找到的资源位置）的超链接是某一站点或网页的完整路径。

第二种是相对 URL 的超链接。相对 URL 的超链接是将网页上的标题或一段文字内容链接到其他网页上。

第三种是同一网页的超链接。这一种链接是将网页的部分内容链接到同一网页上的不同地方。

除了这三种主要的设置链接的方式之外，还有一种特殊的方式，即链接交换。链接交换一般用于合作平台之间，即将对方的网页链接或宣传图片放在自己的平台上，以达到互相宣传的目的。

6.2.2 为营销提供链接支持

随着科学技术的发展，链接的生成已经不再局限于网址了，借助第三方工具，图片、文章、公众号都可以生成链接。如乔拓云可以生成图片链接，135编辑器可以将微信的临时链接转换为永久链接等，这些都可以帮助平台管理员完成链接的制作。平台管理员可以结合自己的需求选用具体方法，这里不再详细介绍。

在营销活动正式开始之前，平台管理员应准备好所有营销活动可能需要的链接，并做好以下工作。

● 根据不同种类对链接进行分类，方便在开展营销活动时配合团队其他人的进度和节奏使用链接。如及时上架商品、及时在直播间发放优惠券、及时在活动界面弹出对话框等。

● 给不同品类、不同商品的链接进行排序，使之符合营销活动的既定计划。如根据直播间上架不同商品的顺序对链接进行排序，方便随时查找和调取使用。

- 为了防止意外情况的发生，管理员要提前准备好备用链接或熟悉修改流程。如在遇到商品价格、规格（SKU）错误时，要及时撤回链接，重新修改后及时提交链接。

6.3 优惠机制调试

网络平台的优惠机制一般有两种,第一种是平台或店铺发放的优惠券,第二种是促销活动。这两种优惠机制都是通过降低商品价格的方式来吸引更多的消费者购买商品。

6.3.1 优惠券的分类与制作

随着网购的成熟发展,优惠券作为一种促销手段成为大多数商家的选择。平台的优惠券主要有以下三种:

第一种是商家自己发放的优惠券,所有消费者都可以领取。

第二种是商家针对一部分消费者发放的内部优惠券,这部分消费者主要是老顾客或会员。这也是商家留住老顾客的手段之一。

第三种就是在一些特定的时期发放的优惠券。如母亲节、情人节等节日，商家就会顺应消费者的购买需求发放优惠券。

一般情况下，平台会为管理员提供制作优惠券的专属渠道，管理员只需根据提示完成优惠券的设置即可。

以淘宝为例，管理员在"卖家中心"的"营销工具中心"中找到"优惠券"的选项并将其打开，选择"商品优惠券"的选项并点击"创建商品券"的对话框。管理员可以根据自己的需求填写优惠券的相关信息，信息填写完成之后点击"选择商品"的对话框，开始选择使用优惠券的商品，之后填写优惠券的优惠金额和发放数量，填写完成后点击"资损风险校验"。这样，商品优惠券就制作完成了。

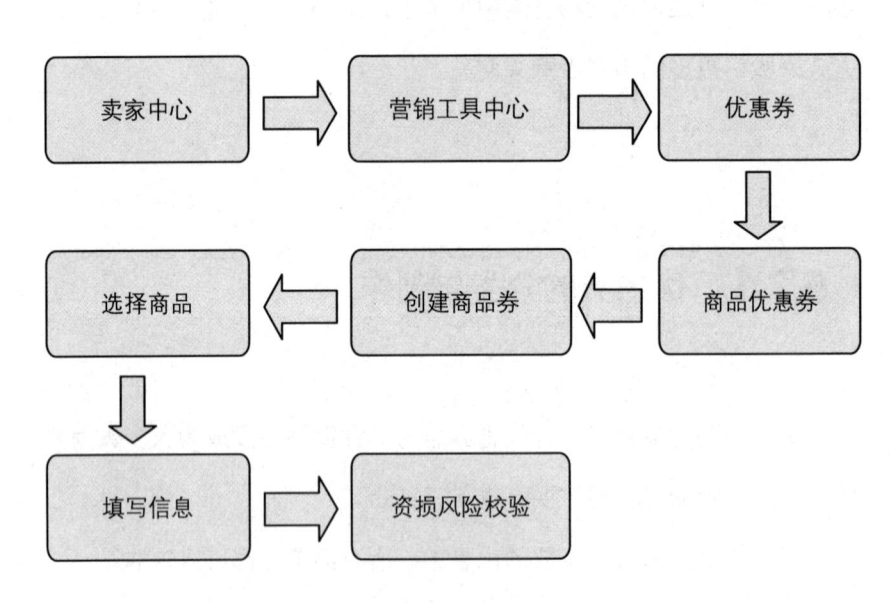

卖家中心 → 营销工具中心 → 优惠券 ↓
选择商品 ← 创建商品券 ← 商品优惠券
↓
填写信息 → 资损风险校验

优惠券的制作过程

6.3.2 优惠券的调试

在优惠券制作完成之后要进行调试运营,检验优惠券能否在设定的时间段内正常使用。

首先,查看优惠券能否在页面上正常显示,之后对优惠券进行点击领取,查看优惠券能否领取成功。

其次,要检测在选择优惠券之后能否跳转到支付页面,支付金额是否减去了优惠金额。还要检查能否选择取消优惠券的选项,以防一些消费者不想使用优惠券。如果是减满类优惠券,要看其优惠的额度和平台的优惠活动是否冲突,优惠能否叠加使用。如果不希望优惠叠加,就要重新设置优惠条件,避开平台的优惠机制,让消费者只能选择一种优惠方式。

最后,在优惠券使用之后,要检查页面显示的优惠券数量和已拥有的优惠券数量是否一致,如果数量一致,就说明优惠券是可以正常使用的。

6.4 客服沟通与话术技巧培训

客服是平台中直接面对消费者的服务人员，客服的业务水平、服务态度不仅是自身专业能力的体现，更是平台服务水平的体现，因此平台管理员要重视客服的培训。

6.4.1 加强服务意识

客服的主要任务是和消费者沟通，通过语言和文字沟通来帮助消费者。在沟通的过程中，客服一定要有服务意识，明白自己的工作是服务于消费者的。

◆ 及时反馈

客服的主要任务是对接消费者，为消费者答疑解惑，帮助消费者解决问题。因此，客服要熟练掌握商品的多种信息，这样在消费者提问时才能第一时间给出答案。比如，服装店的消费者经常问的问题多是关于衣服尺寸和质量的，那么客服就需要及时查找衣服的尺寸以及面料，并反馈给消费者。

客服要随时注意消费者的信息，看到有新的提问要在第一时间做出回应。如果客服不能及时回应消费者，会让消费者觉得店铺轻视消费者，若是问题一直得不到解决，消费者就会失去耐心，最终取消订单。因此，无论客服能不能解决问题，都要在第一时间做出回应。客服可以说店铺会想办法解决问题，但不能对问题置之不理。

◆ 解决问题

客服的设置就是为消费者解决问题的，因此，客服在面对消费者层出不穷、多种多样的问题时，不能"打太极"，对顾客的问题避而不谈，答非所问。客服应该耐心地和消费者沟通，帮助消费者解决问题，提出合理的解决方案。

6.4.2 强化沟通技巧

良好的沟通能力是客服和消费者顺利进行交流的关键，店铺客服想要有长远的发展就必须提升自身的沟通能力，掌握多种沟通技巧。

首先，找准自身定位。客服的主要沟通对象是消费者，因此客服在沟通时要以消费者为中心，消费者问什么，客服答什么就可以了。

其次，要有良好的心态。客服在面对消费者的质问或抱怨时不能流露出消极情绪，更不能与消费者发生冲突，而是要认真分析消费者反映的问题并帮其寻找解决办法。如果心态不好，就很难控制好自己的情绪，让消费者感受到自己的负面情绪，可能会引发和消费者的矛盾。

最后，要多换位思考。如果客服能够站在消费者的角度想问题就更容易理解消费者的心情，在和消费者进行沟通时就会更加顺畅，也会让消费者感受到自己的诚意。换位思考也能够帮助客服关注到自己可能意识不到或者自己认为无关紧要的问题，从而能够注意到一些细节问题，更好地与消费者进行沟通，并获得消费者的认可。

6.4.3 规避话术误区

◆ 用语礼貌

互联网客服沟通以对话框文字信息沟通为主,客服在和消费者进行沟通时,要注意使用礼貌用语,要有耐心,如果自己无法解决问题,要向消费者道歉并阐明理由,争取获得消费者的谅解,要让消费者感受到自己真诚的态度。

一方面,客服自身要加强沟通能力和语言表达能力。另一方面,平台管理者可以在后台设置快速搜索方式,使客服可以快速查找和使用礼貌语句、相关话术内容。同时,考虑设置禁忌用语,屏蔽客服的不当回答,如"不知道""没办法"以及其他不符合平台用语规则的话语。

与消费者沟通时的客服

◆ 话术误区

有些客服在和消费者对接时喜欢使用一些固定话术，但这些话术并不是万能的，以下两个话术误区要特别关注。

第一，不懂变通，照搬话术模板，这样会让回答显得生硬而死板，让消费者认为客服并没有用心为其解决问题。而且，如果客服一直使用模板，也会让消费者怀疑这是自动回复，进而给消费者带来不愉快的沟通体验。

第二，避重就轻，回避问题。一些客服不会根据实际情况灵活应对，给出的解决方案没有针对性，或者完全是"张冠李戴"。要知道，话术不是万能的，只能作为参考，不能投机取巧、盲目使用。

针对以上客服可能存在的误区，如前文所述，平台管理者可以考虑设置关键字、禁忌词拦截，也可以提供半程序模板供客服调取并结合消费者的具体问题有效补充相关内容后，再回复消费者。

6.5

粉丝群的运营与维护

粉丝群的运营与维护主要是通过在社交软件中建立粉丝群的方式来与品牌受众形成良性互动，提升粉丝黏性，帮助商家吸粉，扩大品牌影响力。

6.5.1 前期准备

在建立粉丝群之前，平台管理员要先明确以下几点：

第一，确定邀约对象。管理员要确定粉丝的门槛，是所有人都能进群，还是有一定的条件限制，比如会员或老顾客才能加群。

第二，制订群规。正所谓无规矩不成方圆，粉丝群的管理也是一样，管理员要提前制订好群规，并要求所有成员遵守群规，对于不守群规的成员可以予以禁言甚至踢出群的处罚。

群规的制订要符合粉丝群的定位。因为是商家粉丝群，群成员的年龄、性别都没有限制，所以群规的要求要更具包容性，最好不要有过于强硬的要求或规则。

群规要规定群成员不能在群内进行私人交易，也不能发其他品牌的广告或商品链接，更不能出现违法、违规等不良信息。

做好以上两点就可以着手建立粉丝群了。粉丝群最好建在商家所在的平台，这样方便粉丝购买商品。

6.5.2 运营策略

建好粉丝群之后就要考虑粉丝群的日常运营问题，管理员要制定一系列的运营策略来维持粉丝的活跃度。

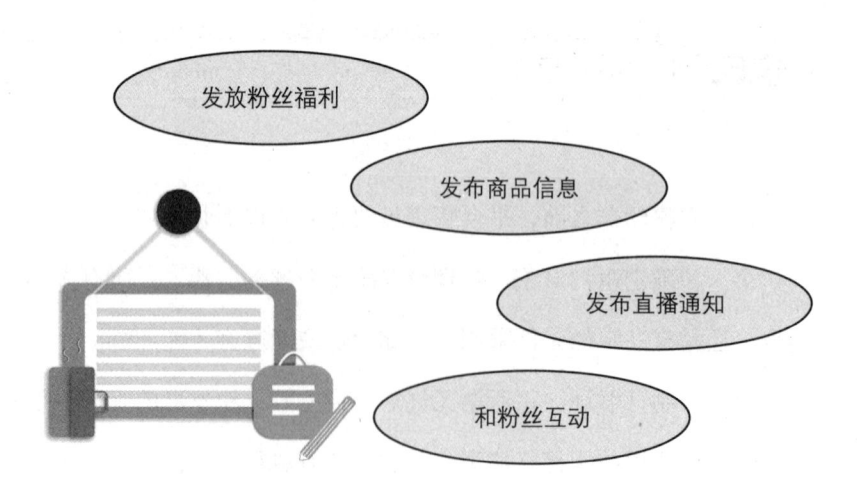

- 发放粉丝福利
- 发布商品信息
- 发布直播通知
- 和粉丝互动

粉丝群管理员的主要工作

首先是福利的发放。管理员要在粉丝群内发放粉丝专属福利，比如店铺的代金券或优惠券，这样可以激发消费者的购买热情。特别是节假日或平台有促销活动时，管理员还可以在群里发红包，以此吸引更多的粉丝加入。但也要注意红包的额度和数量，可以少量多次地发红包，让粉丝一直关注群消息。

其次是信息通知。管理员要将新品的信息发布在粉丝群里，并进行宣传，促使更多人购买商品。商家直播的信息也要发布在群里，并且要提前发布，讲明时间和优惠力度，吸引粉丝前往观看直播。

最后，要多和粉丝互动，提升群的活跃度。可以在群内和粉丝聊天，也可以为粉丝讲解与商品有关的知识。总之，即使暂时没有活动也不能对粉丝群置之不理，而是要重视粉丝群的日常维护，尽可能多地留住粉丝，并吸引新粉丝加入。

在粉丝群的运营模式逐渐成熟之后就可以形成一定的运营模式，管理员要对这个模式进行分析、总结，形成系统的粉丝群运营理论，并且要随着运营方式的改变而不断更新理论知识，这样才能形成自己的粉丝群管理经验。

6.5.3 后期维护

除了粉丝群的正常运营之外，管理员也应当注意维护群内秩序。在维护秩序时，除了管理员自己进行管理和监督外，管理员还可以委托群成员对群秩序进行监督管理。

管理员可以选择部分成员加入粉丝群的管理中，这些成员的主要任务是维护粉丝群的正常秩序，防止个别成员发表不当言论或在群内发布竞品信息。

管理员还可以制作群秩序日常维护表来记录粉丝群每天或某段时间的发展情况，这个记录表也可以作为管理员的工作记录，方便日后查验。

营销贴士

粉丝群的群公告怎么写？

在粉丝群建立之后需要做的第一件事就是拟定群公告。在群公告内要写清以下几点内容。

- 入群条件。要写明粉丝群的定位以及满足怎样的条件才能进群，这样可以加强群成员对粉丝群的信任度。
- 群规，即需要群成员遵守的规则，要条分缕析地将规则写明，让每个成员都有所了解。
- 惩罚机制。如果有成员触犯了群规，要有相应的惩罚方式。

● 致谢，感谢各位成员加入粉丝群。

在群规发布之后要询问群成员的意见，如果一些成员提出了更好的意见，管理员也可以作为参考，对群公告进行调整。

6.6 诚信营销，避免数据作假

随着互联网营销的发展，流量和数据也越来越受重视，已经成为营销中必不可少的方式。然而，诚信是经商之本，若是为了好看的数据而造假，不但是违反了行业规则，也失去了本心。

6.6.1 守住营销底线

营销的目的是宣传商品，吸引潜在消费者，扩大商品市场。一些平台管理员为了扩大平台的名气、提高其数据表现力，不惜弄虚作假，用假数据欺骗消费者。

实际上，平台的实际浏览量、搜索量等数据是客观的，若是平台管理员长期作假，欺骗的不仅是消费者，也是管理员自己。时间久了，管理员就会对真实的数据失去判断力。

平台管理员要守住营销的底线，诚信营销，不能制作虚假数据来欺骗大众。

6.6.2 加强数据监管

平台管理员要加强对平台数据的监管工作，尽量防止数据作假的情况发生。

平台的日常浏览、搜索数据都会有记录，平台管理员要时常留意这些数据，若是某一段时间的数据表现异常，那可能就出现了数据作假的情况。

平台管理员应当针对数据异常的情况进行调查，询问相关负责人，如果真的有数据作假的情况发生就要尽快制止，及时止损。

第 7 章

团队营销力:
优质营销团队的养成

现代社会分工精细，从事任何一个职业都需要融入团队、依靠团队，互联网营销师也不例外。

互联网营销师工种丰富，不同工种相互协作配合可以构成一个互联网营销团队。但是一个优质的互联网营销团队不仅要工种齐全，还需要其他相关工作人员的配合，更需要整个团队齐心协力，共同策划、开展好每一场营销活动。

选择和打造优质营销团队、发掘和提升团队营销力，让你的职业发展更有保障。

7.1 互联网营销团队建设

7.1.1 互联网营销团队的构建

个人职业的发展离不开个人的努力，也离不开团队的支持。事实证明，每一个成功的互联网营销师的背后都有一个强大的营销团队，也正是营销团队的有效保障，才得以让互联网营销师能专注于个人职业能力提高，并最终成就一番事业。

互联网营销团队的构建对个人的职业发展有重要的影响，了解互联网营销团队的科学构建对于个人选择团队、组建团队有重要的指导和启发。

一般来说，一个结构完整的互联网营销团队应包括以下基本的成员：互联网营销师四大工种工作人员、技术人员、设计人员、客服等。

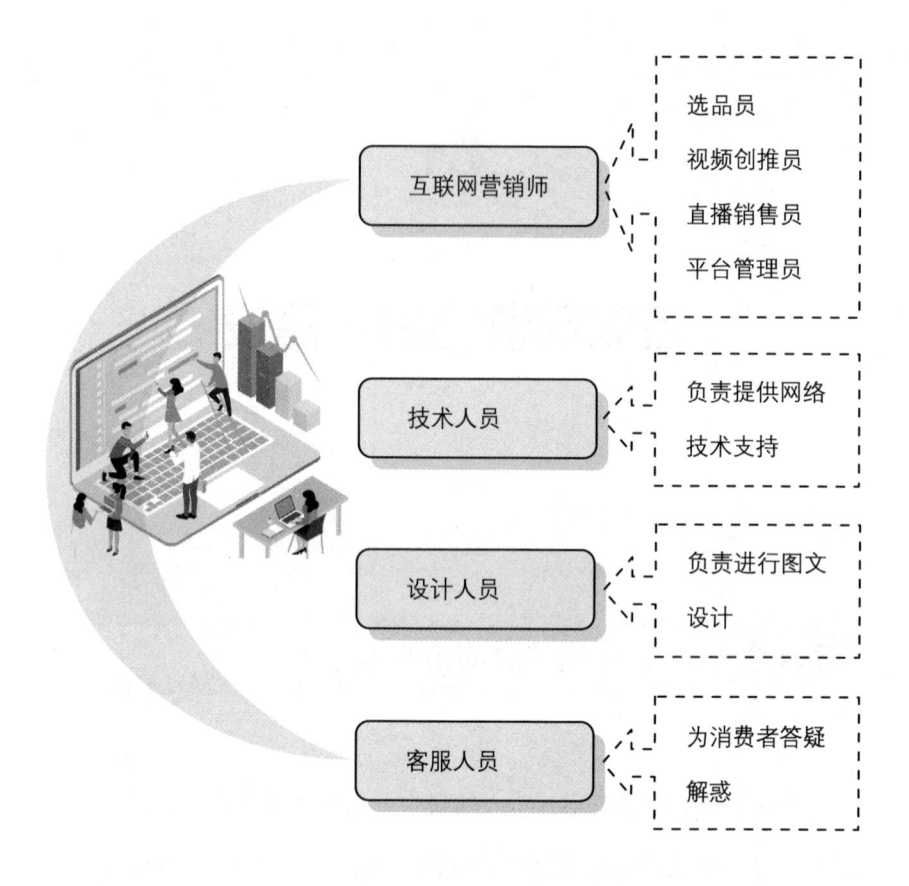

```
互联网营销师 ─┬─ 选品员
              ├─ 视频创推员
              ├─ 直播销售员
              └─ 平台管理员

技术人员 ─── 负责提供网络技术支持

设计人员 ─── 负责进行图文设计

客服人员 ─── 为消费者答疑解惑
```

互联网营销团队基本人员构成

规模大小不同的互联网营销团队的人员构成和数量也不同，互联网营销师应结合自己的职业发展需求选择和构建互联网营销团队，并明确自己在团队中的角色和职责，做好本职工作，并配合其他团队成员完成各项具体工作。

7.1.2 提供全链条服务的互联网营销团队

从职业工种来看，互联网营销师中只有直播销售员活跃在镜头前与消费者"面对面"接触，但实际上一场直播的背后是整个互联网营销团队在运作。

下面结合一次直播活动的策划和实施的基本流程来了解互联网营销团队的工作性质和内容。

首先，要进行活动策划，在开播前要提前开直播策划会，重要的直播活动可能要提前几天或几个月着手策划。在重要的直播活动开始前的两三天要再次和主播沟通，确定直播的主题、市场、主销产品、销售额目标等。

其次，围绕直播活动准备相关的"人、事、物、场"，如选品、组品、制作展示海报、制作活动脚本、准备直播样品；沟通联系妆发人员、和嘉宾或品牌方核对日程；联系会场或申请使用直播间等。

再次，对直播进行预告和推广，拍摄预热视频、撰写和设计宣传推广文案和宣传页，在目标平台进行全面推广。

然后，在直播活动开始前的一两个小时，团队人员应陆续到场准备，包括主播、助播、场控、选品员、操盘手、内容运营、投流运营等，必要时进行试播。

最后，在直播活动结束后，团队要结合直播数据进行复盘总结，在下次活动中改进和提升主播及整个团队的职业技能。

活动策划

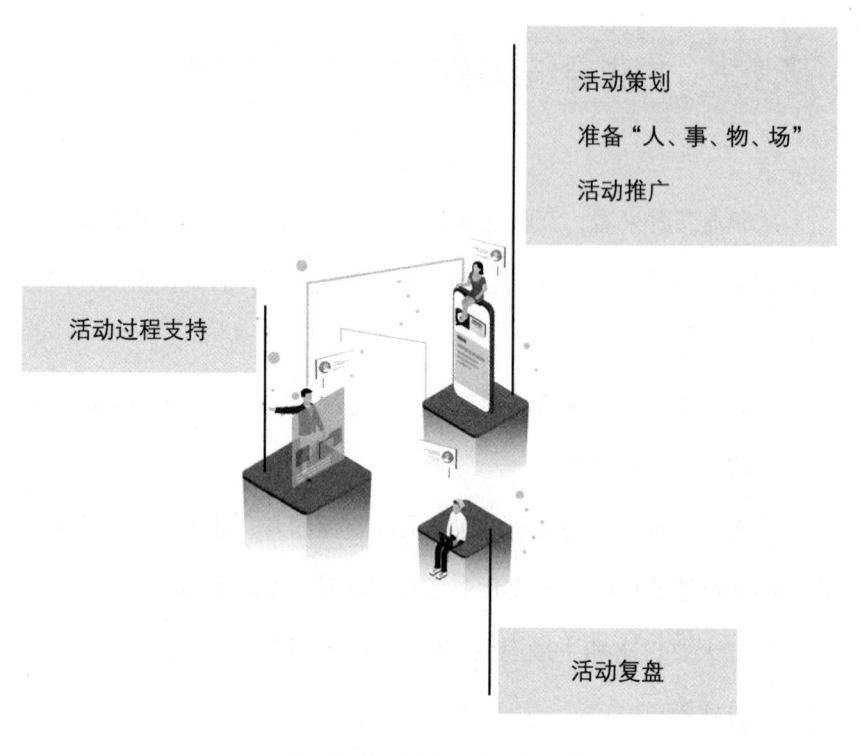

准备"人、事、物、场"

活动推广

活动过程支持

活动复盘

互联网营销团队全链条服务内容

职业观察

如果对互联网营销行业有所了解，你会发现，有很多知名主播、网红在创业之初都是一个人起家的，但他们在做强做大之后会选择加入一个团队，或自己组建团队。

很多人认为，一个人能完成的工作为什么要组建一个

第7章

团队营销力：优质营销团队的养成

团队呢，这样用人成本增加了，而且对于有较大网络影响力的个人来说，加入团队会使自己的收益分流。其实，这些想法是片面的、短浅的。构建互联网营销团队是必要的，团队的建设可以让互联网营销师有更多的精力专注于自己的岗位职责而不必身兼数职。此外，团队力量要远远大于个人，科学选择和构建营销团队能为互联网营销师的职业发展争取到更多的资源，也能在互联网营销师的未来职业发展中群策群力、规避风险、提供发展保障。

请你说一说自己关注或崇拜的互联网营销师和他的团队（公司），简要分析一下他的职业优势和团队竞争力并填入下表。

互联网营销师	所属团队	个人职业优势、团队竞争优势

本人可以借鉴的职业发展方向：

本人想组建或加入的团队应具备的特点：

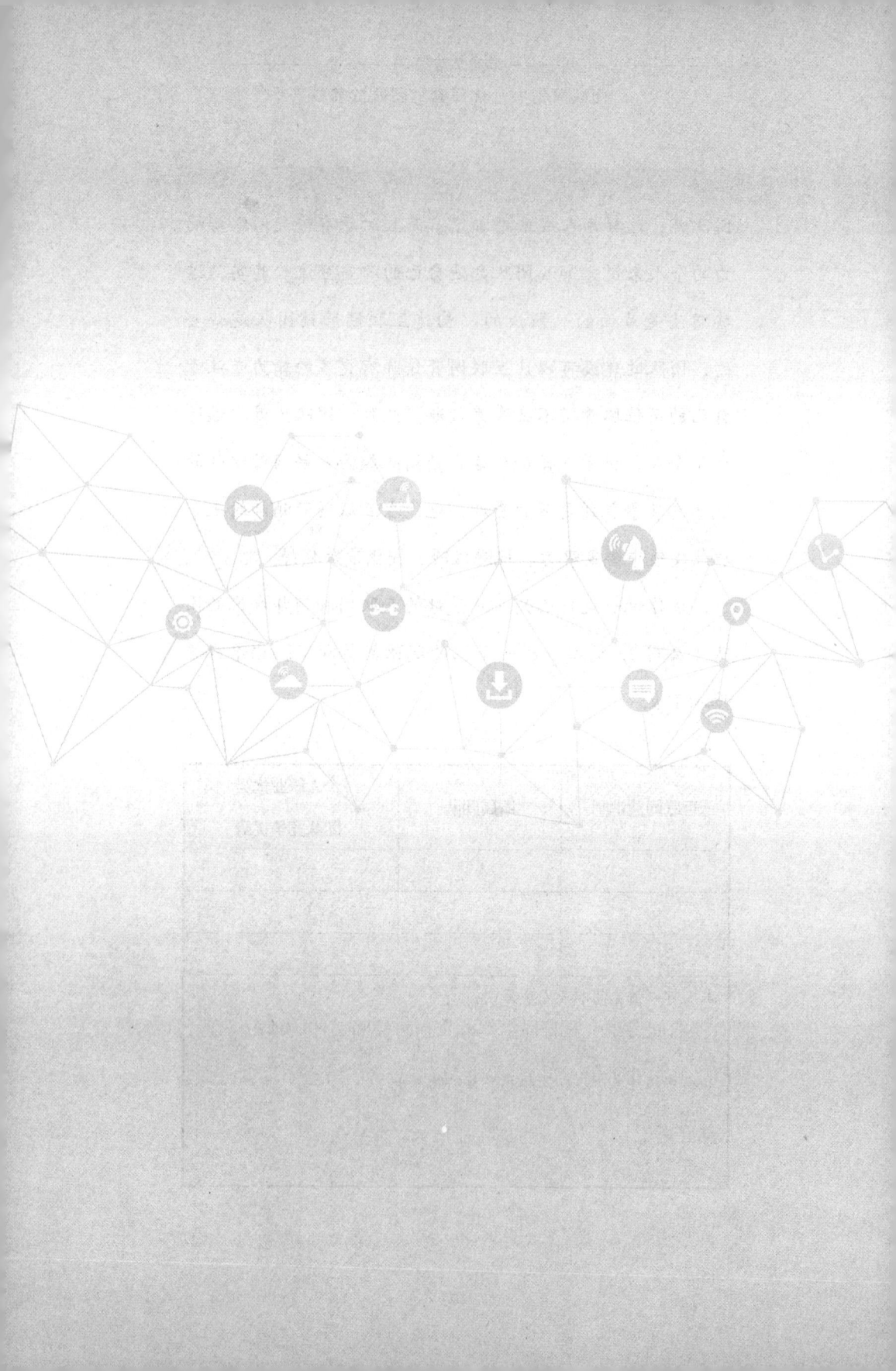

7.2

营销氛围感——直播间场景布置

7.2.1 直播间必不可少的场景元素

购物环境对购物心理有重要的影响,直播间场景的布置旨在优化直播画面,为镜头外观看直播的消费者营造良好的购物氛围。

为配合直播销售员的直播工作,直播间的场景布置应符合当次直播主题。有条件的直播间还可以结合具体商品来调整变换直播间的呈现效果。具体来说,直播间购物场景包括以下一些必不可少的场景元素。

直播空间背景——直播空间背景指直播间实体场景的搭建,如商超背景、田园丰收背景、轻奢家居风背景等,呼应不同的直播主题、烘托购物氛围,这一点会在下文展开阐述。

展示区——直播展示区大体分两类,即近景(台面)展示区、远景展示区,为不同商品提供不同展示空间。

品牌 logo——对职业发展有远景设想的主播及其营销团队会创建自己的品牌，为了让粉丝和消费者关注品牌，使品牌深入人心，营销团队会将自己的品牌 logo 放在直播间做背景展示。

直播屏幕预告——直播预告一般不出现在实体直播间，而是多通过直播系统设置在消费者观看直播的屏幕上方进行展示。直播预告能引导消费者关注主播和直播动态，起到造势、引流的作用。

7.2.2 不同场景营造不同购物氛围

直播空间背景是直播间重要的场景，不仅仅是由于它的物理空间大，还因为它与直播主题密切相关，围绕直播主题，可以从商品特性、消费者人群（年龄、收入）等方面来布置直播空间背景。

场景类型	说明
室内直播场景	搭建的专属直播间、线下门店、家中、库房等
室外直播场景	果园、旅游街景、探店探险、娱乐走播等
虚拟直播场景	直播设备设置或多屏幕拼接展现不同画面

直播间常见场景类型

对于观看直播的消费者来说，一个画面模糊不清、场景杂乱的直播间，很难引起消费者的购物兴致。要引起消费者的购物兴致，不仅需要主播的"卖力吆喝"，还要为主播营造一个良好的促销场景，给消费者营造一个良好的购物环境。具体应从以下几方面入手：

- 结合直播活动主题搭建直播营销场景。
- 根据商品定位确定直播间装修风格（如高价产品对应轻奢风）。
- 在直播间融入消费群体感兴趣、有共鸣的元素。
- 巧用软装（如装饰性摆件）让直播间看起来更高档、更加呼应活动主题、更有节日气氛。
- 关注直播间场景的色调搭配、清晰度等。

果品促销专场的直播场景搭建

家居促销专场的直播场景搭建

7.3 梳理流程、检查设备,直播前的测试必不可少

7.3.1 梳理流程、检查设备直至活动结束

互联网营销具有实时性、互动性。在营销活动开始前,要认真梳理营销活动的流程,检查设备,确保营销活动按既定计划有序展开,直播促销能准时开始、有条不紊地进行。

优质的互联网营销活动一定要有科学合理的活动开展流程,这是互联网营销活动产生良好营销效果的基础。而一旦流程的某一环节或多个环节出现失误,则可能导致营销活动不能产生预期的良好效果。例如,一旦宣传文案、宣传视频通过平台发布,就会在平台上留下时间痕迹,就有粉丝和消费者浏览、点赞、评论,因此任何一个表述或文字错误、信息错误都有可能误导粉丝和消费者。而一个环节的失误可能会影响下一个营销活动节点的确定,可能使活动错失热搜节点,

进而打乱之后的一系列营销计划，导致营销活动无法顺利开展或开展效果差。

设备是互联网营销活动开展的硬件基础，缺少了设备的技术支持，互联网营销活动将无法正常开展。例如，在实时性的直播营销活动中，可能会发生各种意外情况导致直播无法按原定计划有序开展。具体包括：突然找不到样品，打乱了商品介绍促销顺序；直播间声音、画面等出现卡顿问题导致直播中断；等等。这些问题不仅会影响营销活动的正常开展，也会影响消费者的活动参与和购物体验。

因此，在一场互联网营销活动结束之前，要时刻把控全局，仔细梳理活动流程、检测设备，确保营销活动按计划如期、顺利开展。

7.3.2 直播前的测试重点关注这些内容

对于互联网营销团队来说，在组织直播促销活动时，尤其是重要的直播促销活动前，一定要进行直播测试，这有助于提前发现问题，优化直播。

直播前的测试内容是非常多的，以下几方面的内容应重点关注。

◆ 内容测试

首先，做好文字测试。重点测试直播间的播放画面显示格式是否正确,直播预告时间和活动主题是否准确。宣传内容是否存在漏字、错别字等情况。

其次,做好导航测试。检查商品名称或规格是否正确,查看不同商品链接是否有效,商品链接跳转是否顺畅。

最后,做好图形测试。直播画面各部分版块大小、位置是否美观,图形和画面特效会不会遮挡主播脸部或遮挡品牌 logo。

◆ 功能测试

首先,测试用户是否能通过平台搜索进入直播间,是否能关注、取关主播,是否能正常参与直播间的点赞、送礼物、转发、评论、投票等互动。

其次,测试直播间的商品是否能录讲解视频,美颜功能是否正常,是否能屏蔽个别用户发表评论。

此外,如果是多平台、多系统联合同步直播,还要考虑不同系统是否存在分辨率失真、不兼容的问题。

必要时,进行试播,检查直播画面是否正常、与用户能否正常互动。

营销贴士

优化直播体验，加强硬件配置必不可少

直播设备是互联网营销的硬件，硬件好，直播不一定好，但要想做出一场成功的直播活动，加强硬件配置是一个不容忽视的重要因素。

为了给主播带来良好的直播体验，同时也为了给消费者带来流畅的直播观看体验，加强直播硬件配置是必要的。在挑选和调试直播硬件设施设备时，应从以下几方面着手。

- 推荐使用专业的直播相机进行直播，以使直播画面更清晰。
- 直播收音设备效果要好，让主播能在不用力嘶吼的情况下使消费者能清楚地听到主播所说的话，同时加强现场杂音的降噪处理。
- 重视直播间的灯光调试，避免直播间过亮而产生曝光现象或直播间过暗导致消费者无法看清商品细节。
- 美颜特效不要过度。

7.4 直播过程中的团队协作

7.4.1 明确团队目标

团队高效、默契的协作离不开明确的团队目标的制订,明确的团队目标能增强团队成员之间的凝聚力,使每一个人都能从大局(总体目标)着想,彼此"拧成一股绳",形成合力,最终促使营销活动目标的实现。

很多互联网营销从业者认为,营销的目的是创造收益,因此每一次营销活动都是"功利性"的,应围绕"赚流量""赚钱"开展。而一个成熟的营销团队必须充分认识到上述观点的片面性。对于互联网营销团队来说,营销的最终目标是获得收益,但具体到每一次的营销活动中,大可不必"揪住钱不放"。

不同的营销活动应有具体的营销目标。例如,促销厂家产品、公益助播就是性质不同的营销活动,前者的目标是冲刺销售额,后者的目标是提高影响力,同时二者的最终目的又都指向收益(经济收益和社会收益)。

7.4.2 部门协作

针对不同的营销活动,团队各部门要有针对性地支持和配合其他部门完成相应的工作。

仍以商家产品促销和公益助播为例,从活动策划到活动推广,从选品到直播间场景搭建,各部门应围绕具体的营销活动目的密切配合开展具体工作。

公益助农直播宣传海报

具体来说,在开展商家产品促销活动时,要营造购物狂欢氛围、重点选择引流款、利润款等不同产品,直播间的场景搭建围绕商品品类确定基调;在开展公益助播营销活动时,要宣传团队的社会责任感,选择有帮扶需求的帮扶对象和产品,直播间的场景搭建围绕助农、脱贫、环保等主题确定基调。

7.4.3 岗位协作

一场直播的顺利开展离不开直播间的购物造势。在直播间中,作为直播促销员的主播承担了主要的促销工作,助播、场控、后台管理员、灯光师、摄影师、产品调配员、服饰搭配员等都在各自工作岗位上发挥着十分重要的作用,全场每一位工作人员都必不可少。

为了给直播间营造良好的购物氛围,各岗位工作人员应确保本职工作正常开展,为直播提供必要的技术、流程支持,同时也要与主播积极互动,语言造势,推动进直播间观看的消费者下单。

在直播过程中,只有各岗位工资人员默契配合,才能优化直播流程与效果,为消费者呈现优质的直播内容,提升带货转化率。

7.5 营销后的复盘

营销后的复盘有助于营销团队总结经验吸取教训，不断调整营销方向和内容，以优化和完善营销活动，进而促进各营销活动目标和团队季度、年度总营销目标的实现。

互联网营销团队在营销活动后的复盘应重点关注以下内容。

●本次营销活动的目标（销售额、平台搜索和关注度）是否达成。

●直播录屏，方便复盘。结合直播目的有针对性地进行复盘，如直播间互动效果、用户停留时长、带货转化率是否达到了预期，从而分析是哪些地方出现了纰漏，应该如何优化。

●整体评估直播投放效果。如图文和视频的发布时机、投流时机和效果如何，后台上下架产品、查看库存、发放优惠券等方面与主播的配合如何等。

●本次营销活动，尤其是直播过程中出现了哪些问题，是否发生重大选品、技术、价值观表述事故，及时进行反思。

7.6 少一点套路，多一点真诚

当前互联网营销行业火爆，大家都在引流吸粉、提高带货转化率方面苦心经营。一些营销团队和个人以优质产品和营销模式圈粉，也有一些营销团队或个人为博眼球、赚取流量毫无底线。各种不良套路每天都在上演，如与商家上演痛心砍价戏码、后台工作人员佯装工作失误标错商品价格、宣扬虚假奖品等，更有甚者"挂羊头卖狗肉"，销售假冒伪劣商品。这些营销行为严重欺骗了消费者的情感，侵犯了消费者的合法消费权益。策划和组织如此营销行为的营销团队和个人很难赢取消费者的长期信任，不会有良好的职业发展。

希望每一位互联网营销从业者能牢记诚信营销，无论是互联网营销师个人还是互联网营销团队，在从事互联网营销相关工作时，都应"珍惜自己的羽毛"，爱岗敬业，树立诚信意识，认真对待自己的品牌、粉丝和消费者，只有这样，才能有良好的职业发展前景。

第 8 章

不可或缺的线下
管理与支持

当互联网营销师利用网络的力量在数字化信息平台上实施了一系列营销推广策略后,想要达成更好的营销效果,解决可能出现的问题、难题,就要将目光转向线下,同时兼顾线下管理。

线下管理包括营销团队管理、仓储物流管理、线下品牌活动管理、团队活动管理、粉丝活动的策划与组织以及负面新闻的危机公关处理等。

线上与线下有着不同的管理模式,对营销功能和职能要求差异很大。互联网营销师需要适应线下管理的复杂性,为自己树立更高的目标。

8.1 互联网营销团队管理

互联网营销师的背后,是一个完整的、联系紧密、环环相扣的营销团队,那么,如何对这一团队进行管理呢?可以从量化目标、制订KPI指标和打造多元化工作环境这三方面出发,对营销团队进行管理。

8.1.1 量化目标

任何团队想要前进,都需要围绕发展战略建立总体目标和阶段性目标,互联网营销团队也是如此。

需要注意的是,这个目标不能设置得太笼统,或简单地用"提高品牌曝光率""提高用户关注度"等话语去描述,而需要用具体、直观的数字去体现。比如,月开播场次、平均有效开播时间提高多少;直播转化率提高多少;平均在线人数提高多少;品牌百度指数上升多少；用户活跃率提高多少；等等。

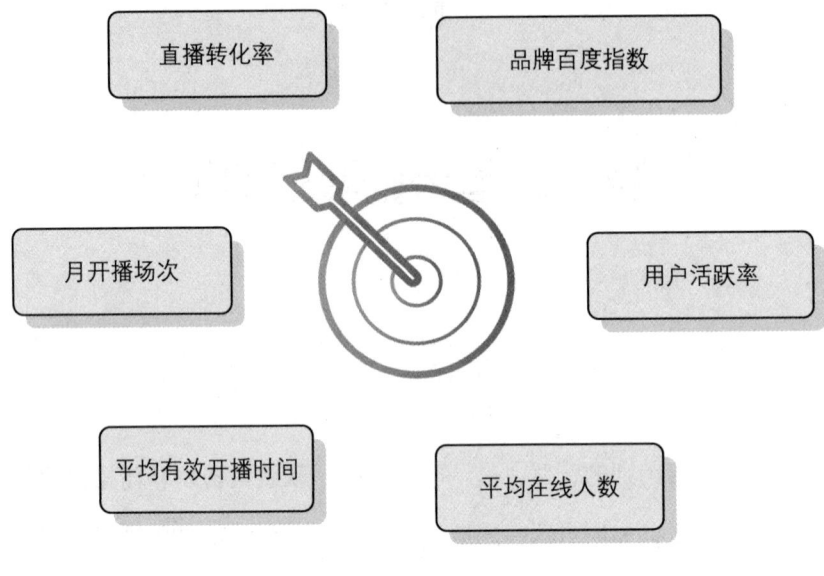

```
    直播转化率                    品牌百度指数


月开播场次                                        用户活跃率


    平均有效开播时间               平均在线人数
```

互联网营销团队的目标参数

8.1.2 制订KPI指标

　　KPI 即关键绩效指标，是团队战略目标的进一步分化与发展，可用来衡量与评估团队成员的工作表现。互联网营销团队内部设有不同岗位，每一岗位都要根据其工作特色和职责范围设置不同的 KPI 考核指标，并落实到具体的团队成员身上。

　　比如为主播设置 KPI 指标时，需考虑的关键性因素包括每场直播的时长、直播在线人数、直播互动性、带货转化率、直播收入等；

为运营人员设置 KPI 指标时，需考虑的关键性因素包括社群运营（微信群/QQ 群总人数、活跃度等）、内容阅读/点赞/转发次数；为推广人员设置 KPI 指标时，需考虑的关键性因素包括新增用户人数、推广响应率等。KPI 考核要定期跟进，在团队成员成功完成阶段性 KPI 考核目标的情况下，要及时给予奖励，这能有效鼓舞团队士气。

8.1.3　打造个性化、多元化的工作环境

作为新晋行业，互联网营销团队大多由年轻人组成。他们大多个性突出，更注重创新，也更在乎工作体验。他们不只关心是否能持续成长，也更倾向于选择个性化、多元化的工作环境。引领这样一支年轻化的队伍，就需要关心他们的核心诉求，想方设法地去创建更具有特色的、更加多元化的工作环境。

想要打造个性化、多元化的工作环境，首先要对千篇一律的办公环境进行改造，比如迎合年轻人的审美，采取灵活的工位设计、宽敞开阔的开放式空间设计，运用各种前卫的或充满科技感的元素去打造兼顾美感和功能的办公室。其次要营造轻松愉悦的、更为自由的工作氛围。比如，尊重团队中每个人的独特个性，照顾团队中每个人的内心感受；鼓励团队成员大胆思考、积极挑战棘手难题、勇敢挑战权威；给团队成员更多的试错的机会，多听听他们意见，适当地减少控制和高高在上的说教；等等。

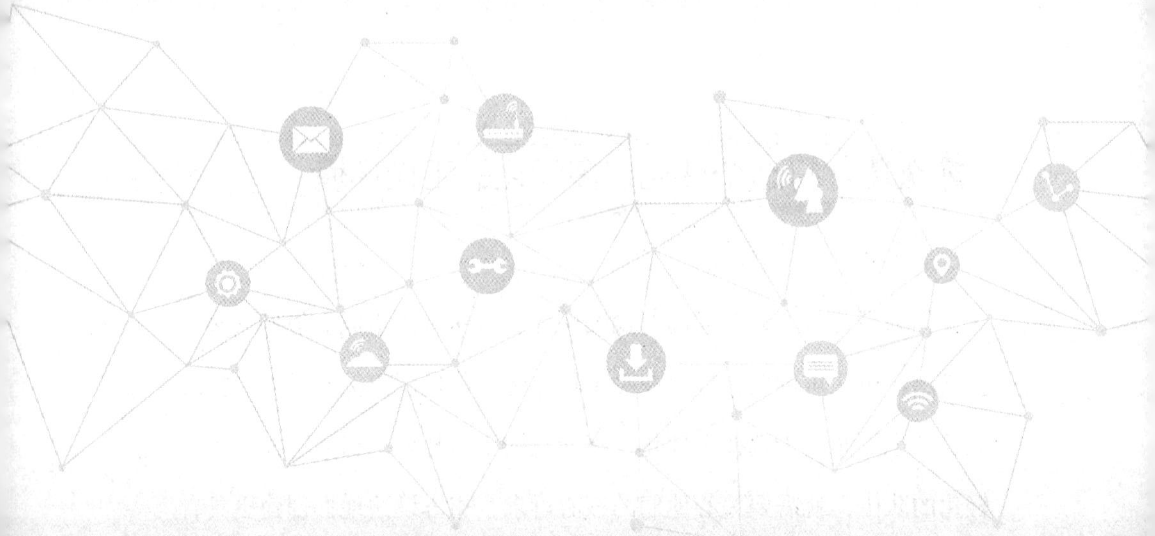

8.2 仓储管理

近几年,直播带货等互联网营销模式的广泛流行直接促进了各类产品销量的爆发式增长,而这也带来了仓储管理的一系列难题。只要解决了这些问题,就能极大地提高客户的购物体验。

8.2.1 仓储管理的痛点

当前,电商虽然发展得如火如荼,线下很多仓库却都处于比较原始、粗糙的管理阶段,采取的仍是传统的管理方法。

现代仓储管理不只包括货品的接收、入库、上架、物品检验等内容,还包括物资保管、货品出库、补货和移库等内容。在高效互联网营销的加持下,到了"618""双11"或其他购物节时,各平台的订单量都会大幅增加,若仓储管理的任一环节出现问题,都会导致商品积压、发货慢、错发、漏发等问题，轻则受到客户的差评，重则引来品牌或商品口碑的严重下滑。

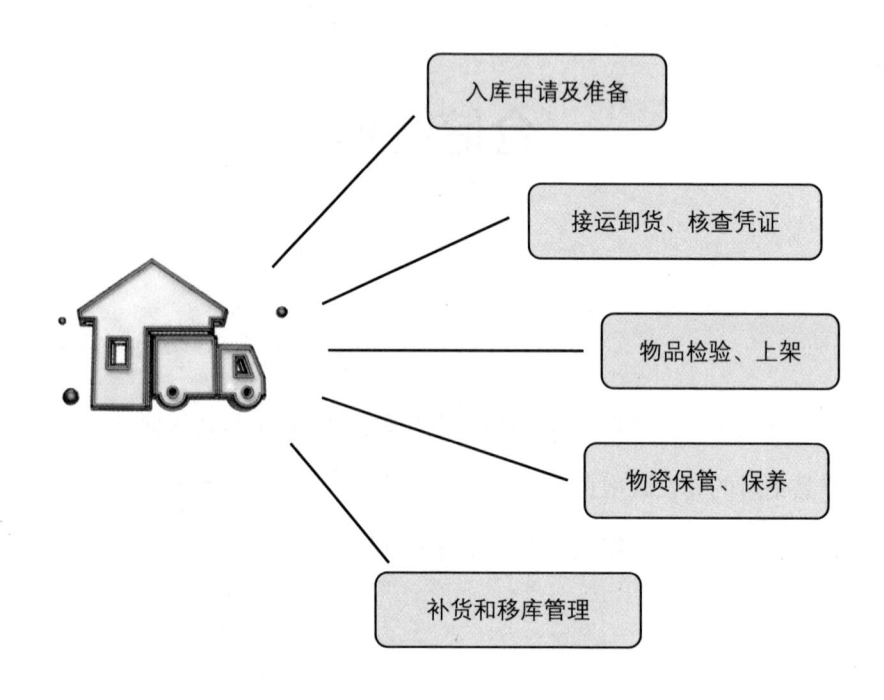

仓储管理的主要内容

- 入库申请及准备
- 接运卸货、核查凭证
- 物品检验、上架
- 物资保管、保养
- 补货和移库管理

更重要的是，目前很多电商平台、商家、直播间都采取以销定采模式，虽然这种模式表面上来看能给仓库备货一定的反应时间，减轻物流的压力，但这也给线下仓储管理带来诸多挑战。

以销定采模式指的是预测消费者的需求并展开预售，根据预售订单去定制或采购产品，再在约定时间内送货到家。采取以销定采模式，在预售订单数量繁多、SKU（库存进出计量单位）爆增的情况下，商品出库慢、拣货难等问题发生的概率也会变得更高。

第8章
不可或缺的线下管理与支持

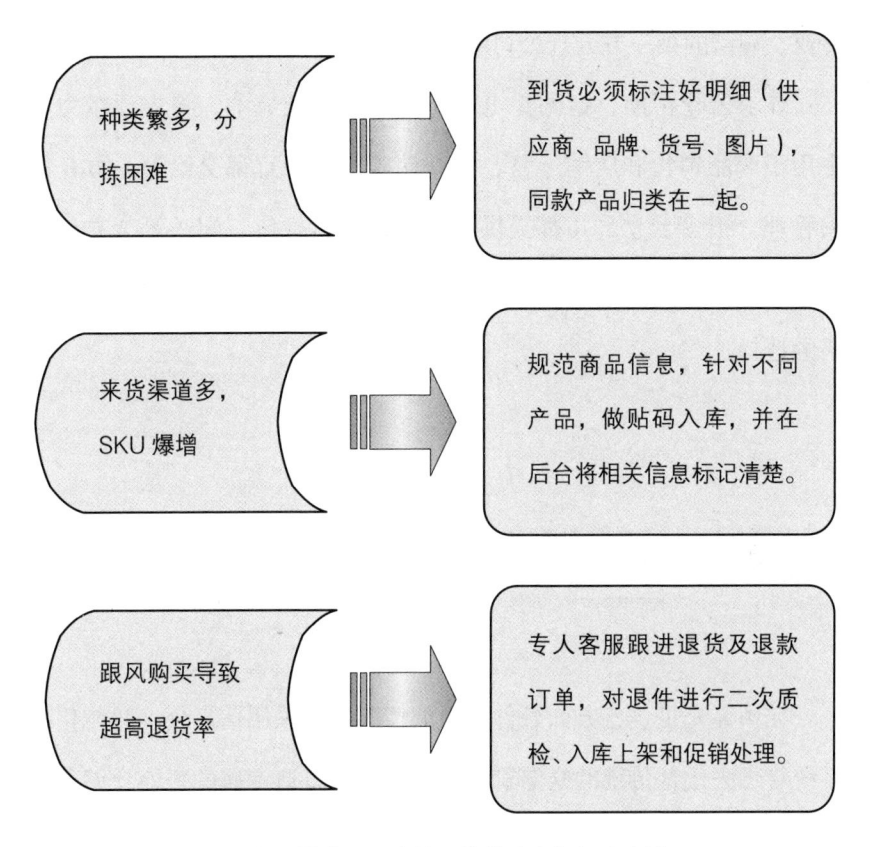

痛点	解决办法
种类繁多，分拣困难	到货必须标注好明细（供应商、品牌、货号、图片），同款产品归类在一起。
来货渠道多，SKU爆增	规范商品信息，针对不同产品，做贴码入库，并在后台将相关信息标记清楚。
跟风购买导致超高退货率	专人客服跟进退货及退款订单，对退件进行二次质检、入库上架和促销处理。

以销定采模式下，仓储面临的痛点与解决办法

8.2.2 选择第三方云仓

　　一些互联网营销团队和中小电商卖家并不具备建立大型仓储的条件，在直播间订单量大幅增加的情况下，其仓储端往往无法快速反应，从而给消费者带来较差的购物体验。为了解决这一问题，可寻找

专业、靠谱的第三方云仓公司的帮助。

寻求云仓帮助，指的是电商卖家为了降低成本，将主要精力集中用于商品销售和店铺运营，将仓储等相关事宜都交给第三方仓储去管理。很多云仓公司都提供分拣、验证、打包、配送等全方位的服务，而且仓储能力也很强，作业流程顺畅，是减轻仓储压力的不错的选择。

8.2.3 打造智能仓储

在预算充足、各方面条件到位的情况下，采用信息化、智能化的系统管理去代替传统的仓储管理模式，逐步打造专属的智能仓储无疑是电商卖家最好的选择。信息化、智能化的仓储管理系统，可以大大提高仓储管理效率，能够全方位解决现今仓储管理的痛点。

尤其是在应对直播电商的海量订单时，大量的商品出入库、配送、退换货等需要快速响应的环节，更适合使用统一化、标准化的智能系统，能够轻松实现管理系统的全链协同。而信息系统强大的对接属性，又使得其能够轻松兼容现今或未来可能出现的各种高新技术。如立体仓库、PDA、REID、机器人分拣线等，这些技术使信息化的仓储管理系统变得更加开放多元。

第 8 章
不可或缺的线下管理与支持

智能仓储一角

8.3 物流管理

互联网营销师这一职业兴起的背后，是直播电商的崛起和商品生态链的转变。目前的直播电商在供应链交付方面还存在着明显的缺陷，而物流交付则是其中一个重要的环节，必须加以重视。

在物流管理中，对物流过程的管理是重要内容之一。物流过程指的是将商品、货物等从厂家、卖家手里转移到消费者、用户手里的过程，中间可能会经历很多物流据点或中转站。对物流过程的管理包括运输管理、流通加工管理、配送管理、物流信息管理等。为了解决当前物流运转慢、管理效率低下等诸多问题，有必要运用智能化技术物流手段去取代传统的物流技术和管理方式。而现代物流的发展趋势也正体现出浓浓的信息化、自动化、智能化的特征。

8.4 线下品牌活动参与

互联网营销师的工作内容不仅仅是利用网络营销平台去为品牌推广导流,还包括精心设计品牌的线下活动,必须结合使用线上加线下营销策略去收获用户的关注,提升品牌曝光率和影响力。

8.4.1 品牌活动策划要点

线下品牌活动是很好的营销手段,一场优质的线下活动能将品牌形象全面植入活动现场,而各种沉浸式的会场布置能有效拢聚用户的注意力,令品牌形象深入人心。专业的互联网营销师在策划各种品牌活动时,会注意方方面面的要点,以保证活动质量。

首先,活动前期要明确活动目的(提高品牌知名度或推出新产品等)和想要达到的效果(直播间流量、销量明显提升;品牌百度指数上升等），根据用户群的特点选择让人耳目一新的活动形式。

其次，制订合理有序的活动流程，做好宣传工作。可与资深媒体合作，发布通稿宣传，或邀请网络红人、大V帮助宣传。

再次，在活动前夕，要提前去现场踩点，做好会场布置工作，提前安排活动当天的人员调配。更重要的是，一定要做好活动应急预案，包括各种突发情况下的应对策略等。

最后，活动结束后，要做好总结工作，统计相关数据、整理现场资料等。

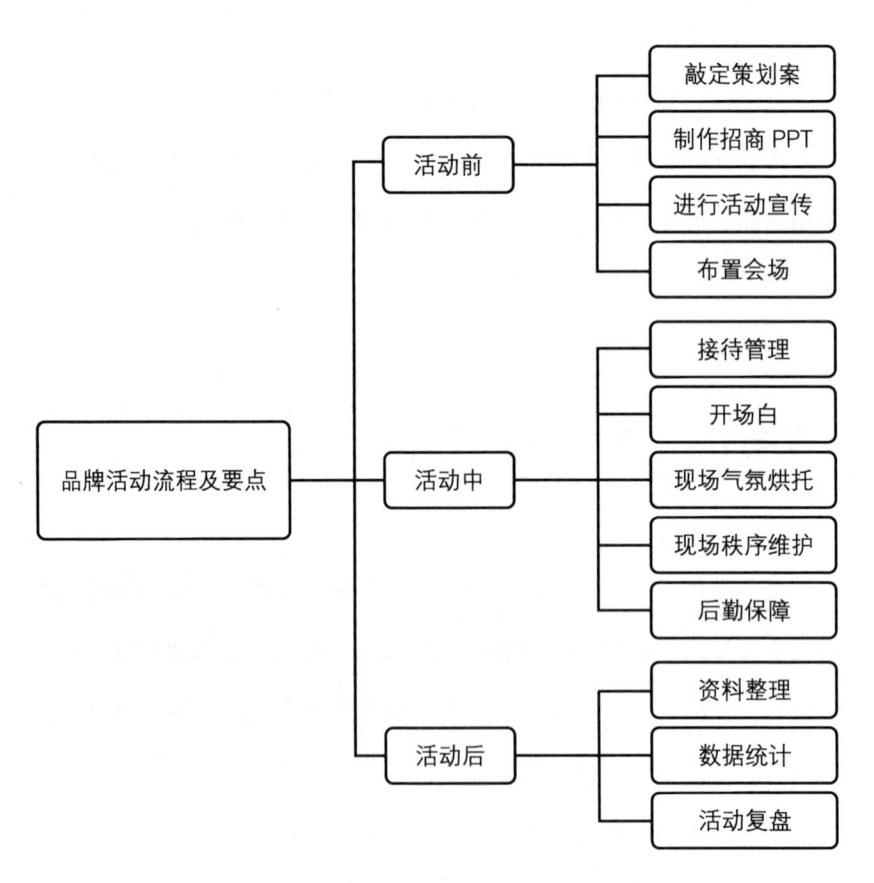

品牌活动流程及要点：

- 活动前
  - 敲定策划案
  - 制作招商PPT
  - 进行活动宣传
  - 布置会场
- 活动中
  - 接待管理
  - 开场白
  - 现场气氛烘托
  - 现场秩序维护
  - 后勤保障
- 活动后
  - 资料整理
  - 数据统计
  - 活动复盘

品牌活动流程及要点

8.4.2 创意品牌活动

想要策划一场"刷屏级"的线下品牌活动，就要发动头脑风暴，积极构思活动创意。而创意背后，通常隐含着这几项要点：具备传播点、具有影响力、有情怀、有创新、可执行。那么，互联网营销师可实施的创意活动形式包括哪些呢？可以参考以下建议。

比如，开办线下快闪店或举办限时快闪活动。2022年，M·A·C（魅可）宣布与现象级虚拟人物AYAYI合作，正式启动天猫超级品牌日，并在上海静安开办了线下快闪店，现场邀请了多位博主进行试妆、拍照互动、产品体验。这场活动举办得很成功，广受好评。

互联网营销师还可以采取主题晚宴或派对、街头晚会、音乐节、嘉年华等新颖的活动方式去为品牌赋能，扩大品牌影响力。

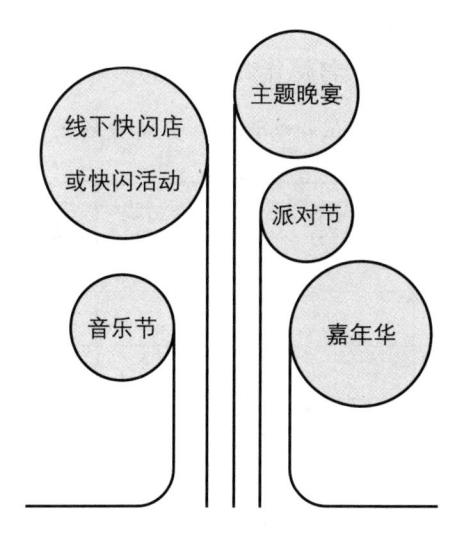

创意品牌活动形式

职业观察

在互联网经济发展如火如荼的当下，作为其中的重要一环，互联网营销师需要具备优秀的职业能力，不断地去充实、提升自己，这样才能在激烈的竞争中立于不败之地。而互联网营销师的工作不仅包括线上营销布局，还包括线下的一些工作，如品牌活动设计、策划等。

在选择新颖的活动形式和令人难忘的主题的同时，互联网营销师还要注重活动现场互动方式的设计，以便吸引更多人气。

如果你想成为一名互联网营销师，你对这方面有过了解吗？这里列举几种经典的互动方式，比如个性墙签到、红包雨游戏、微信摇一摇抽奖活动等，你知道它们分别能起到什么效果吗？具体该如何操作呢？而在具体实施过程中，又有哪些注意事项呢？尝试粗略调查和分析并填表如下。

	个性墙签到	红包雨游戏	微信摇一摇抽奖
优点或好处			
操作方式			
注意事项			
本人想要选择的互动方式和原因：			

8.5

线下团队活动激励

8.5.1 团建活动的益处

互联网营销团队通常是一支年轻化的队伍，为了加强团队成员之间的凝聚力，可组织各种线下团建活动来增进团员之间的感情，促进彼此的信任，以此提升团队的整体协作能力。

很多团建活动都需要有明确的分工，只有在团队多人的密切合作下才能获得酣畅淋漓的体验感。团队成员们可以在整个团建过程中能迅速提升自己各方面的能力，进一步体会和感悟团队精神。

团建活动还能帮助团队成员之间碰撞出新的火花，激励队伍向着更好的方向前进。当然，这一切都建立在有效团建的基础上。为了让团建活动真正发挥出效用，一定要选择新颖有趣、体验感好、参与度高的活动形式，否则只会适得其反。

8.5.2 创意团建活动

深受年轻人欢迎的团建活动形式有运动类团建活动、游戏类团建活动、度假类团建活动等。互联网营销师团队可根据自身的情况和预算等酌情考虑。需要注意的是，尽量不要在节假日来占用团队成员休息时间去举办活动，这容易引起大家的反感。

运动类团建活动
彩虹跑、陆地冰壶运动、棒球运动、攀岩等

游戏类团建活动
密室逃脱、剧本杀、狼人杀等

文艺类团建活动
绘画、乐队演奏、书法、陶艺制作等

度假类团建活动
野外露营、篝火晚会、草地酒会、出海捕鱼等

创意团建活动形式

8.6 线下粉丝活动组织

8.6.1 线下粉丝活动

有效运营粉丝群体是互联网营销师的工作重点之一。而在粉丝精细化运营的过程中,除了可以借助建立粉丝社群进行线上引流、吸粉等,互联网营销师还可通过组织线下粉丝活动等来提高粉丝忠诚度,以线上结合线下的方式去实现粉丝红利的最大化。

对于互联网营销师这份职业来说,粉丝运营工作指的不仅仅是与粉丝互动、交流,还包括如何持续吸引粉丝的关注、如何建立与维护与粉丝之间的情感纽带。通过线下粉丝活动,能够在较短的时间内将目标群体快速地聚集在一起,与粉丝实现面对面的交流、沟通,从而刺激粉丝活跃度,快速收获粉丝的信任。

可以说,组织一场成功的线下粉丝活动,是巩固、扩增粉丝基数,扩大宣传,快速提升人气、流量和知名度的有效方式。

8.6.2 创意宠粉活动

对于互联网营销师而言，策划线下粉丝活动是巩固粉丝信任度、转化粉丝购买力和吸引新粉丝的重要手段。

常见的线下粉丝活动有以下几种：

第一，定期或不定期举办粉丝见面会、粉丝狂欢节、粉丝答谢会等主题活动。拿粉丝见面会来说，可借鉴明星见面会的模式。如果粉丝人数不多，可选择轰趴馆（室内派对场所）或者KTV等地；如果人数较多，可选择规模较大的酒店等地举行。

第二，创建线下趣味俱乐部，鼓励粉丝踊跃报名加入，并时不时地举行聚会，这能有效刺激粉丝的活跃度。

创意宠粉活动形式

第8章
不可或缺的线下管理与支持

营销贴士

线下粉丝活动,不只是送礼品这么简单

无论组织哪种形式的宠粉活动,都要注重氛围的营造。很多人认为只要在活动现场给粉丝提供丰厚的礼品,就能刺激粉丝活跃度,拉动现场人气。事实上,好的粉丝活动策划与组织远远不止这些内容。

互联网营销师在策划宠粉活动时,还需注意以下事项。

- 让粉丝在一开始就感受到尊重、关怀和重视。比如通过大屏幕播放粉丝的微信签到墙,给粉丝带来暖心而又新奇的感受。
- 如果设置了送礼品的环节,最好将礼品相关内容,如领取资格和流程等在活动海报或粉丝群通知里写清楚。
- 如果在活动现场设置了线上互动环节,尽量简化操作,不要设置一堆复杂的线上投票机制去考验粉丝的耐心。
- 礼品的设置要考虑到粉丝的真实需求,尽量不去送一些华而不实的礼物。同时,可想办法嵌入自家品牌元素,给粉丝留下深刻印象。

8.7 负面新闻等公关危机处理

资深的互联网营销师能游刃有余地借助各种营销手段去扩大品牌的知名度，收获粉丝群体，而在负面新闻出现、品牌或商品口碑发生危机的时候，他们也能第一时间做出反应，冷静处理。

8.7.1 厘清负面新闻的来源

与品牌或商品有关的负面新闻主要由这些问题引发：商品质量或服务确实存有缺陷、相关人员的不当言行、竞争对手的恶意抹黑等。

首先，当商品存在质量问题或售后服务不到位时，就会引来大量消费者的差评，使得负面新闻快速传播并造成伤害品牌形象的严重后果，这时候便需要互联网营销师想出种种对策去力挽狂澜。

其次，相关人员的不当言行也可能给品牌形象抹黑，比如直播间里的主播在与用户互动时语言低俗等，都会引起用户的反感情绪。

最后，竞争对手的恶意抹黑也可能会对品牌形象造成负面影响。

8.7.2 危机公关"5S"原则

厘清负面新闻的来源后，下一步便是要及时处理危机，将负面影响缩减至最低程度。在处理负面舆情的时候，我国危机公关专家游昌乔教授所提出的危机公关的"5S"原则很值得互联网营销师们借鉴。

如果确认责任在于己方，就要勇于承担责任，尽力弥补用户损失，争取公众的原谅。同时，要保持透明开放的态度，与社会各界展开恰当、真诚的沟通，以防止事态进一步恶化。如果危机来自竞争对手的恶意抹黑，也要第一时间澄清，降低负面影响。而在危机管理的过程中，各方面的注意事项都要系统有序地运行，不能顾此失彼。更重要的是，要与权威媒体展开合作，透过媒体传递积极信息，或请信誉良好的第三方出面，帮助消除公众的戒备心理，最大程度降低损失。

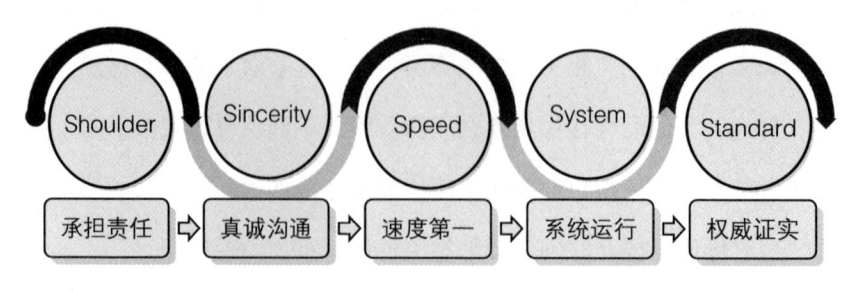

Shoulder	Sincerity	Speed	System	Standard
承担责任	真诚沟通	速度第一	系统运行	权威证实

危机公关"5S"原则

参考文献

[1] 常军. B2C 电商平台电子优惠券使用问题与对策研究 [J]. 现代商业，2020（18）：21-22.

[2] 崔恒华. 电商运营实操 [M]. 北京：电子工业出版社，2018.

[3] 高珉，刘炜. 活动策划与执行大全（第 2 版）[M]. 北京：清华大学出版社，2020.

[4] 卡米雷特. 活动策划实战全书（图解版）[M]. 北京：电子工业出版社，2020.

[5] 李梅. 人人都能做主播——网络直播、视频营销与推广一本通 [M]. 北京：清华大学出版社，2020.

[6] 麓山文化. 抖音短视频全攻略：录制＋特效＋直播＋运营 [M]. 北京：人民邮电出版社，2019.

[7] 戚研. 直播带货：淘宝、天猫直播从新手到高手 [M]. 北京：民主与建设出版社，2020.

[8][英] 乔恩·莫瓦特著，博集天卷译. 视频营销：从规划、创意、内容、制作到发布的视频营销策略 [M]. 北京：中国商业出版社，2021.

[9] 苏海. 活动策划实战宝典：品牌推广＋人气打造＋实战案例 [M]. 北京：清华大学出版社，2017.

[10] 孙静，韩彩霞.电商运营与推广[M].北京：人民邮电出版社，2019.

[11] 淘宝大学达人学院.内容电商运营系列.淘宝直播运营与主播修炼手册[M].北京：电子工业出版社，2017.

[12] 王瑞麟.商业短视频从小白到大师——商业短视频运营策划、粉丝引流、视觉营销干货99招[M].北京：化学工业出版社，2021.

[13] 肖睿.互联网营销师系列：微信公众号运营解析[M].北京：中国水利水电出版社，2017.

[14] 吴智银.社群营销与运营实战手册[M].北京：人民邮电出版社，2020.

[15] 谢导.互联网营销：理念的颠覆与蜕变[M].北京：机械工业出版社，2016.

[16] 杨莎莎.销售团队管理常见问题清单[M].北京：地震出版社，2021.

[17] 袁野.互联网营销实训教程[M].成都：西南财经大学出版社，2020.

[18] 杨群.轻松玩转互联网营销[M].北京：化学工业出版社，2018.

[19](微信日活跃用户数量2021) 开启下个十年，用户超12亿的微信还能走多远？[EB/OL].http://www.shandonghsjx.com/news/show362707.html，2022–05–30.

[20]2022年中国网络视听行业发展现状及市场规模分析 市场规

模再创新高 [EB/OL].https://www.sohu.com/a/551398576_121118710，2022-05-26.

[21] 花椒直播启动强明星战略，锁住核心用户群制胜？[EB/OL].https://www.sohu.com/a/77460773_133037，2016-05-26.

[22] 品牌在微博的高阶出圈姿势，总共分几步？[EB/OL].https://www.sohu.com/a/540990603_120094123，2022-04-25.

[23] 平台主播带货力持续爆增，蘑菇街做对了什么？[EB/OL].https://www.sohu.com/na/438459250_465282，2020-12-15.

[24] 一文读懂互联网营销师报考条件，2022年官方最新报名要求详细解读 [EB/OL]. https://www.sohu.com/a/546724873_121386093，2022-05-13.